당신의
상담을
돌아보라

Consider Your Counsel
by Bob Kellemen

Copyright ⓒ 2021 by Bob Kellemen
Originally published in English under the title *Consider Your Counsel*
by New Growth Press, Greensboro, NC 27401, USA.
All rights reserved.

Korean Edition published by Word of Life Press, Seoul 2022
Translated and used by permission of New Growth Press
Printed in Korea.

당신의 **상담**을
돌아보라

ⓒ 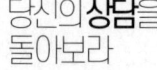 2022

2022년 8월 29일 1판 1쇄 발행

펴낸이 ㅣ 김창영
펴낸곳 ㅣ 생명의말씀사

등록 ㅣ 1962. 1. 10. No.300-1962-1
주소 ㅣ 서울시 종로구 경희궁1길 6 (03176)
전화 ㅣ 02)738-6555(본사) · 02)3159-7979(영업)
팩스 ㅣ 02)739-3824(본사) · 080-022-8585(영업)

기획편집 ㅣ 김민주
디자인 ㅣ 박소정, 조현진
인쇄 ㅣ 예원프린팅
제본 ㅣ 보경문화사

ISBN 978-89-04-09056-3 (03230)

저작권자의 허락없이 이 책의 일부 또는 전체를
무단 복제, 전재, 발췌하면 저작권법에 의해 처벌을 받습니다.

당신의
상담을
돌아보라

Consider Your Counsel

밥 켈레멘 글
신성만, 임한나 역

생명의말씀사

추천의 글

"『당신의 상담을 돌아보라』는 겸손한 자기 평가와 지속적인 기량 연마의 가치와 이익을 새롭게 조명합니다. 저는 이 책을 신입 상담가와 경험 많은 상담가 모두에게 강력하게 추천하며, 여러분이 저와 함께 이 책을 자주 다시 펴 볼 것을 권합니다."

엘리자 휴이, 『Raising Kids in a Screen-Saturated World』의 저자

"이 책을 통해 밥의 다른 사람들을 향한 마음이 빛을 발합니다. 그는 냉정하고 엄격한 재판관이 아니라 사랑과 인내심 많은 안내자 역할을 합니다. 이 작은 책은 경험치를 막론하고 모든 상담가에게 필요합니다."

조나단 D. 홈즈, Fieldstone Counseling 총디렉터, Parkside Church 상담 목사

"밥 켈레멘은 성경만을 사용하는 것은 성경적 상담이 아니라는 점을 상기시킵니다. 우리는 성경을 어떻게 사용하고 내담자들과 어떻게 관계 맺는지에 관심을 가져야 합니다. 초보자와 노련한 성경적 상담자 모두 하나님의 영광을 위한 우리의 조언을 고려할 때 이 책의 균형 잡힌 통찰력을 이해할 수 있습니다."

릴리 파크, 사우스웨스턴침례신학교 부교수

"나는 상담에 관한 책을 읽을 때, 더 나은 상담가가 되기 위한 나의 필요를 얼마나 말해주는가를 기준으로 판단합니다. 밥 켈레멘의 『당신의 상담을 돌아보라』는 모든 장에서 그런 저를 도왔습니다. 이 책은 다른 사람을 더 잘 돕기를 원하는 사람들을 위한 유익한 내용으로 가득합니다!"

찰스 D. 호지스 주니어, 인디애나주 인디애나폴리스의 가정의학과 의사,
라파예트의 중독치료센터 Vision of Hope의 총디렉터

"이 책에서 밥 켈레멘의 작업은 매우 성경적이며 변혁적입니다. 노련한 성경적 상담자를 위한 필수 가이드북입니다."

섀넌 K. 맥코이, ACBC, Valley Center Community Church 성경적 상담 디렉터,
성경적상담연합(Biblical Counseling Coalition) 위원

"성경으로 뒷받침되는 동시에 충실한 영혼 돌봄의 역사적 사례의 지혜를 제공하는 이 책은 학생들이 이론에서 성경 상담의 실전을 앞두고 꼭 손에 넣고 싶은 책일 것입니다."

짐 뉴하이저, 리폼드신학교 샬럿캠퍼스 기독교상담프로그램의 디렉터,
IBCC 총디렉터, 『Money, Debt, and Finances』의 저자

"예방과 시정. 이는 『당신의 상담을 돌아보라』를 읽을 때 얻을 수 있는 두 가지 놀라운 이점입니다. 성경적 상담 운동은 이 훌륭한 자료를 통해 다음 세대를 위해 봉사할 것입니다."

C. W. 솔로몬, 성경적상담연합의 총디렉터

"경험 수준과 상관없이 상담가라면 누구나 상담에서 흔히 저지르는 실수에 대한 밥의 통찰력을 읽고 나서 고개를 끄덕이게 될 것입니다. 읽고 고민하며, 개인의 거룩함과 사역의 충실함에 있어서 성장하길 바랍니다."

알렉산더 "사차" 멘데즈, 목사, 성경적상담연합의 이사회,
ABCB(Brazilian Association of Biblical Counseling) 디렉터

"이 책은 피해야 할 여러 가지 함정을 강조하고, 유용한 자기 평가를 제공하며, 필요하다면 수정을 위한 조언을 준다는 점에서 포괄적입니다. 또한 초보와 노련한 상담가 모두에게 간결하고 매우 가치 있는 책입니다. 저희 상담팀의 필수 독서 목록에 이 책을 추가하게 되어 기쁩니다."

벤 마셜, 워싱턴주 보셀의 Canyon Hills Community Church 상담 목사,
ACBC, IABC 인증 성경적 상담가

"밥 켈레멘은 상담가들의 상담가이고, 이 책은 그의 수련워크숍입니다. 일반적인 실수 목록 그 이상의, 쉽고 간결한 형태의 상담 기본 철학이라고 할 수 있습니다. '이 책은 모든 상담가들이 읽어야 할 책이다!'라는 말을 진부할 정도로 자주 들었다면, 이 경우에 그 말은 사실입니다."

데이비드 R. 던햄, Cornerstone Baptist Church 상담 및 제자도 목사

"이 책에서 켈레멘 박사는 그리스도를 닮아가는 성육신의 개인 사역에 대해 지속적으로 강조합니다. 긍휼함 가득한 영혼 돌봄 사역에 관한 이 책은 베테랑 상담가들에게 자극적인 도전일 뿐만 아니라 새로운 성경적 상담가들에게 필요한 훈련이기도 합니다."

브렌트 오쿠앙, 인디애나주 라파예트 Faith Church 신학교 및 영혼돌봄사역 목사

"『당신의 상담을 돌아보라』는 교회에 주어진 선물입니다. 모든 위로의 하나님과 우리의 선한 목자를 드러내며 자비와 포용과 공동의 보살핌에 대한 비전을 제시하고 있기 때문입니다. 이 책은 우리가 서로의 짐을 지기 위해 노력할 때 모든 교회 지도자와 성도들에게 유익이 될 것입니다."

로버트 K. 정, Sojourn Church Midtown 목사, Gospel Care Ministries 총디렉터

목차

추천의 글	4
역자 서문	10
감사의 글	12
저자 서문	14

첫 번째 실수 종종 영적인 소통보다 21
정보수집에 너무 몰두한다

두 번째 실수 내담자의 이야기를 다 듣기도 전에 33
성경 구절을 들이민다

세 번째 실수 내담자와 함께 성경을 탐구하기보다 47
성경에 대해 일방적으로 이야기한다

네 번째 실수 내담자의 죄 자체에 집중한 나머지 63
그 고통은 등한시한다

다섯 번째 실수 삼위일체 하나님의 방식대로 75
상담을 제공하는 데 실패한다

여섯 번째 실수	사람들을 포괄적인 시각이 아닌 일차원적인 시각으로 바라본다	89
일곱 번째 실수	감정을 하나님이 만드신 것으로 보지 못하고 무시한다	113
여덟 번째 실수	영혼과 육체 간의 상호연결성을 깊게 고려하지 않는다	129
아홉 번째 실수	은혜는 최소화하면서 죄는 극대화하는 경향이 있다	147
열 번째 실수	성경 말씀의 능력을 상담자의 유능함으로 혼동한다	159

결론	성경적 상담 진단하기	180
참고 문헌		192
주		196

역자 서문

 상담에 대하여 흔히 쓰는 비유는 여행이다. 마치 어느 날 문득 나타난 큰 별을 보고 아기 예수께 경배하기 위해 길을 떠난 동방의 박사들처럼, 상담자와 내담자는 나름의 목표를 가지고 함께 길을 떠나는 사람들과 같다. 상담자는 조금 더 많은 여행 경험을 바탕으로 안내자의 역할을 하는 것이고 내담자는 처음 떠나보는 길인지라 조심스럽고 용기를 내야 하는 입장일 것이다.

 어둑어둑한 밤길을 더듬어 별을 보고 따라가야 했던 동방박사들처럼, 우리에게도 상담의 시간이 때로는 느리고 답답하게만 여겨질 때가 있다. 더 쉽고 확실한 해결책을 찾으려 도시의 불빛 속으로 그리고 헤롯에게로 갔던 그들의 사정과 심정을 답습하기도 하고, 그로 인해 일어나는 예상치 못한 문제와 의도치 않은 오해와 좌절 속에서 한탄하며 여행을 멈추고자 머뭇거릴 때도 많다. 모든 성경적 상담자는 이러한 시점에 자신의 상담을 되돌아보아야 한다. 자신이 만들어 온 논리와 합리로 물든 지도에 몰두하기를 멈추고 다시 도시의 불빛 밖으로, 그리고 여전히 앞서 인도하시는 그 별을 보러 광야로 나와야 한다. 나침반 없이 지도를 보려 했음을 깨달아야 한다.

성경적 상담의 다양한 이론서와 기술서들이 있지만 『당신의 상담을 돌아보라』만큼 현장의 경험과 다년간의 슈퍼비전을 바탕으로 성경적 상담의 본질을 되새기고 예수님의 상담하심의 의미를 잘 설명해 놓은 책을 본 적이 없다. 번역의 과정에서 역자들은 동방박사들이 다시 자신을 인도하는 별을 보고 크게 기뻐하였듯이 이 책을 발견한 우리의 기쁨을 성경적 상담을 지향하는 동료 상담자들에게 열렬히 소개하고 싶었다.

내담자와 함께하는 상담의 여정 가운데 이런저런 이유로 힘이 들고 지쳐 포기하려는 상담자에게, 마음은 급하나 어디로 갈지 헤매며 출구가 보이지 않아 답답한 상담자에게, 이 여행의 목적지에 도착할 수 있을지, 이 노정에 열매가 있기나 할지 회의하는 모든 동료 상담자에게 이 책을 드린다.

우리가 선을 행하되 낙심하지 말지니 포기하지 아니하면 때가 이르매 거두리라(갈라디아서 6장 9절).

2022년 가을 포항 한동대학교 연구실에서
역자대표 신성만

감사의 글

서문에서 읽게 되겠지만, 『당신의 상담을 돌아보라』는 내가 슈퍼비전(상담자의 상담 능력 향상을 위해 상담 수행을 감독 혹은 지도하는 활동-편집자 주)하는 성경적 상담 학생들이 던진 질문에서 탄생했다. 그래서 이 책은 내가 지난 30년 넘게 감독해 온 학생들을 위해 바치는 것이 적절할 것 같다. 공간이 없어서 이름을 모두 댈 수는 없지만, 성경적 상담자로서 배우고 성장하는 데 헌신해 주신 모두에게 감사를 전한다. 피드백에 대한 당신의 열린 마음과 겸손함, 상담자로서 성숙해지고자 하는 깊은 열망, 하나님의 백성에게 하나님의 말씀을 사역하는 당신의 애틋한 열정이 나에게 매우 힘이 된다.

이와 비슷한 마음으로, 독자 여러분에게도 이 책을 바치고 싶다. 성경적 상담자로서 계속 성숙해 가고 싶은 욕망이 없었다면 이 책을 읽지 않았을 것이다. 이 책을 읽고 적용하는 것이 이 책을 쓴 나에게 그랬던 것처럼 여러분에게도 힘이 되고 지경을 넓혀가기를 기도한다.

그리고 New Growth Press 출판사의 팀원들에게도 고마움을 전한다. 나는 많은 출판사들과 함께 일할 수 있는 특권을 누려왔는데, New Growth Press와 함께 일하는 것은 단순히 출판사와 함께 일하는 것 이상이었다. 그것은 자신의 일, 내 글, 그리고 나에 대해 관심을 갖는 친구들과 함께 일하는 것이었다. 바바라, 루스, 아이린, 셰릴, 카렌, 마크, 그리고 나머지 "가족"들에게 감사드린다.

저자 서문

 이 책은 내가 성경적 상담을 배우는 여러 학생을 지도하면서, 그들의 질문에 답변하면서 나오게 되었다. 슈퍼바이저(수퍼비전을 제공하는 숙련된 상담자–편집자 주)로서 나는 학생들의 질문에 자주 나오는 주제나 패턴이 있다는 것을 알게 되었는데, 그것들의 요지는 대개 명확했고 그 내용은 다음과 같다. "우리는 성경적 상담자로서 우리가 하는 '좋은 일, 잘하는 것들'에 대해서 묻는 게 아닙니다. 우리는 지속적으로 성장할 필요가 있다고 느끼는 영역들에 관심이 있습니다."

 나 또한 성장하고자 하는 성경적 상담자들을 격려하는 것이 기쁘고, 이것은 나의 열정이기도 하기에, 그들의 질문은 나에게도 좋은 자극이 되었다. 또한 나는 일종의 패턴 수집가인 경향이 있어서, 그 질문들을 모아서 다시 나의 슈퍼비전 노트에 정리했고, 결과적으로 이렇게 책으로 나오게 되었다.

비판이 아닌 격려로

내가 성경적 상담자들이 주로 하는 10가지 실수에 관한 내용을 정리하고 책으로 내는 것을 주저한 이유가 하나 있었는데, 바로 현대 성경적 상담 운동에 대한 부정적인 인식을 고조하는 데 일조하고 싶지 **않았다**는 것이다.

실제로 나는 성경적 상담과 상담자들의 열렬한 팬이고, **나 또한** 성경적 상담자이다. 나는 30년이 넘는 세월 동안 성경적 상담을 진행하고, 성경적 상담자들을 양성하고, 슈퍼비전을 제공해왔다. 또한 성경적상담연합회(Biblical Counseling Coalition)를 조직하고 운영할 수 있었던 것은 내 사역 인생의 가장 큰 기쁨 중 하나였다. 지금까지 2,500여 개가 넘는 포스트를 블로그에 올리고, 150개가 넘는 기사를 쓰고, 20권이 넘는 책들을 써오면서 나는 항상 성경적 상담과 그리스도인의 삶에 대해 긍정적인 모습을 보여주려고 많은 애를 써왔다.

즉, 지혜롭고 성경적인 방법으로 그리고 자비롭고 협력하는 마음으로 이루어진 자기 진단, 자기 비판, 자기 교정 운동은 건강하고 겸손한 것이라고 말할 수 있다. 실제로 현대 성경적 상담 운동은 변화에 대한 관심으로부터 나온 직면이라는 개념으로 시작되었다. 또한 성경적 상담은 자기 상담(self-counsel)과 자기 직면(self-confrontation)으로 잘 알려져 있기도 하다. 따라서 성경적 상담자들이 상담을 개인적 측면으로나 협력하는 측면으로 고려하지 않는다는 것은 꽤나 드문 일일 것이다.

이 책은 비판하는 것에 그 목적이 있다기보다는, 내가 지난 30년간 수천 명의 성경적 상담자를 훈련하고, 수백 명의 성경적 상담자를 슈퍼비전하면서 목격한 경향성들에 대해서 강조하고 있다. 여기에는 4개 교회의 평신도들과 목회자들, 상담자들, 그리고 내가 여러 신학교에서 교수나 겸임/초빙 교수로 있으면서 만난 학생들이 포함되어 있다. 또한 경험 많은 상담자들과 성숙한 목회자들이 내게 슈퍼비전을 요청한 경우도 포함되어 있는데, 그럴 때마다 나는 나의 슈퍼비전 노트 위에 다음과 같은 질문을 퍼부었다.

"나를 포함해서, 신인이든 베테랑 성경적 상담자이든 그들에게서 발견할 수 있는 패턴, 주제 및 사각지대 중 우리가 배우고

성장하는 데 도움이 되는 것은 무엇이 있는가?"

비록 나도 35년간 성경적 상담을 했지만, 나 역시 비슷한 실수들을 해왔다. "노련한" 성경적 상담자일지라도 여전히 고칠 부분들이 있고, 지적받아 마땅한 점들이 있을 수 있다. 따라서 우리는 주기적으로 자기를 점검하고, 다른 상담자들이 우리의 상담에 대해서 조언할 수 있도록 하는 것이 현명하다.

내가 관찰한 이 10가지의 실수를 공유하는 나의 진정한 의도는 우리 모두가 성경적 상담자로서 더 깊어지고, 더 성장하기를 격려하는 마음이다. 성경적 상담자들은 그리스도 안에서 성장하는 점진적인 성화의 과정을 강조하는 것으로 잘 알려져 있는데, 그런 의미에서 이 책이 일종의 연마 도구로써 우리가 더 성숙한 성경적 상담자로 성장하는 것을 도울 수 있기를 바란다.

부정적인 것에서 긍정적인 것 끌어내기

내가 상담자들에게 슈퍼비전을 제공할 때, 나는 주로 긍정적인 부분들을 언급하는 데 많은 시간을 보낸다. 예를 들어,

"그렇게 상호작용을 한 것은 참 잘하셨습니다. 계속 그렇게 해 보세요!" 또는 "성경과 삶을 그렇게 연결 짓다니 놀랍군요! 어떤 성경적 통찰이 그런 방향으로 가도록 돕던가요?"

설사 내가 약점이나 "실수들"을 감지한다 하더라도, 그것들을 의논하는 나의 목적은 상담자들이 수련 과정에서 성숙해지도록 돕는 것이다. 예를 들어, "그 부분에서 당신의 상호작용은 이러한 특정한 방식을 약간 벗어난 것으로 보입니다만, 그곳에서 무슨 일이 있었는지 같이 이야기해 볼까요? 상담에 대한 어떤 개념이 그런 상호작용을 하게끔 했나요? 그리고 이 부분으로부터 당신과 내가 함께 배울 수 있는 것이 무엇일지 한번 생각해 보도록 하죠."

함께 성장하는 것, 바로 이것이 흔히 일어나는 10가지 상담 실수를 다룰 나의 계획이다. 나는 상담 실수들을 지적하는 것보다, 좀 더 성경적으로 대응할 수 있는 방안이나 성경적 접근법을 설명하는 데에 더 많은 시간을 쏟을 것이다. 이 책을 **글로 쓴 슈퍼비전**으로 받아들이기 바란다. 이 책을 집필하는 나의 가장 큰 바람은 이 책이 성경적 상담자들을 격려하는 재충전의 도구가 되는 것이다.

우리가 흔히 하는 실수들을 다루기 전에 마지막으로 말하지만, 이 실수 목록이 성경적 상담의 본질에 대한 모든 것을 이야기하려는 것이 아님을 밝힌다. 성경적 상담의 신학적인 부분에 대해서는 『복음 중심 상담』(Gospel-Centered Counseling)[1]을, 성경적 상담의 방법론에 대해 더 알고 싶다면 『복음 대화』(Gospel Conversations)[2]를 참조하라.

자, 이제 실수로부터 배워 나가는 여정을 함께 시작해보자. 끊임없이 배우고 성장해서, 사랑 안에서 하나님의 진리를 전하고 또 살아내는 성숙한 성경적 상담자들이 되도록 하자.

첫 번째 실수

종종 영적인 소통보다 정보수집에 너무 몰두한다

현시대의 성경적 상담은 정보수집 단계에 있어서 훌륭하게 그 역할을 수행해왔다. "사연을 듣기 전에 대답하는 자는 미련하여 욕을 당하느니라"(잠 18:13), "내 사랑하는 형제들아 너희가 알지니 사람마다 듣기는 속히 하고 말하기는 더디 하며 성내기도 더디 하라"(약 1:19)라는 말씀처럼, 성경적인 관점에서 우리는 말하는 것보다 듣는 것에 더 주의를 기울여야 한다는 확실한 가르침을 받아왔다.

우리 상담자들은 초기 상담에서 '개인 정보 서식'을 활용하여 내담자에 대한 방대한 양의 정보를 수집하게 되는데, 예를 들어 내담자가 처한 특정 상황이나 가족관계, 고통받고 있는 부분들, 싸우고 있는 죄의 문제, 내담자의 신앙 상태 등을 알 수 있다. 이 정보들은 매우 중요하고 유익하며, 본격적인 상담에 앞서 도움이 되고 알아야 하는 것들이다. 그래서 초기 상담을 해야하는 것이기도 하다.

영적인 소통은 신학적이다

앞서 초기 상담의 중요성에 대해 이야기했지만, 사실 내담자들은 우리가 수리공 마냥 고칠 수 있는 자동차 엔진이나 컴퓨터가 아니다.

우리 인간은 성부, 성자, 성령의 삼위일체이자 영원히 존재하시는 관계의 하나님의 형상이며(창 1:26-28), 하나님의 말씀은 면대면으로 소통하는 친밀함 속에서 과거에도, 지금도 항상 함께하신다(요 1:1-18). 그러나 창세기 2장 18절에 따르면, 아담은 완전하신 하나님과 완벽한 에덴에서 온전하게 소통할 수 있었음에도 불구하고 여전히 혼자였고, 하와와 함께하는 것이 필요했다. 이는 우리 인간이 관계적인 존재로 지음 받았기 때문이다.

상담자와 내담자가 영적으로 서로 연결되는 것은 신학적으로 바르다고 볼 수 있는데, 이는 하나님께서 우리를 서로 친밀하게 관계 맺도록 지으셨기 때문이다. 따라서 정보수집에 그치는 상담은 **성경적 상담이 아니다.**

영적인 교감 없이 이루어지는 초기 상담은 자칫하면 내담자를 어느 한 실험의 연구대상자로 대하는 것과 같으며, 이는 무관심하고 사람을 마치 사물을 대하듯 하는, 심지어는 반기독교적인 것이라고도 할 수 있다.

영적인 소통은 성경적이다: 사도 바울에게 배우기

그렇다면 우리는 어떻게 할 수 있을까? 비인격적인 정보수집이 아닌 인격적인 소통을 해야 한다. 이는 때로는 내담자에 대한 배경지식을 얻기 위해 초기 상담을 진행하다가도, 내담자가 이야기하기를 많이 어려워하는 경우에 상담 진행을 잠시 멈추고 함께 기도하는 것을 의미할 수 있다. 또는 내담자가 슬퍼할 때 같이 슬퍼하는 것을 의미하기도 한다. 결국 상담자는 내담자와 인간 대 인간으로 내담자의 은밀하고 개인적인 이야기를 통해 관계적으로 연결되는 것이다.

안타깝게도 나는 상담자를 지도하면서 많은 경우 상담이 다른 방식으로 진행되는 것을 보아왔다. 내담자가 자신의 이야기를 하다가 감정적으로 무너질 때, 다수의 상담자는 여전히 사실 진위를 확인하는 질문을 한다든가 혹은 내담자를 가르치려 한다. 내가 만약 그 상담 세션에 수퍼바이저로서 함께 한다면, 나는 그 상담자에게 들고 있는 펜과 노트를 잠시 내려놓고, 가르치기를 멈추고, **내담자와 그 순간에 온전히 함께 있으라**고 격려할 것이다.

그리고 바로 이것이 사도 바울의 사역 방식이었다. 사도 바울의 관계사역의 예를 몇 가지 함께 살펴보자.

- 사도 바울은 복음뿐만 아니라 영혼(soul)을 나누었다.

"우리가 이같이 너희를 사모하여 하나님의 복음뿐 아니라 우리의 목숨까지도 너희에게 주기를 기뻐함은 너희가 우리의 사랑하는 자 됨이라"(살전 2:8).

● 사도 바울은 긍휼함으로 사람들을 보살폈다.
"나의 자녀들아 너희 속에 그리스도의 형상을 이루기까지 다시 너희를 위하여 해산하는 수고를 하노니"(갈 4:19).

● 사도 바울은 가족적·관계적 특성으로 사역했다.
"우리는 그리스도의 사도로서 마땅히 권위를 주장할 수 있으나 도리어 너희 가운데서 유순한 자가 되어 유모가 자기 자녀를 기름과 같이 하였으니… 너희도 아는 바와 같이 우리가 너희 각 사람에게 아버지가 자기 자녀에게 하듯 권면하고 위로하고 경계하노니 이는 너희를 부르사 자기 나라와 영광에 이르게 하시는 하나님께 합당히 행하게 하려 함이라"(살전 2:7, 11-12).

● 사도 바울은 열정과 친밀함으로 사역했다.
"이를 위하여 나도 내 속에서 능력으로 역사하시는 이의 역사를 따라 힘을 다하여 수고하노라 내가 너희와 라오디게아에 있는 자들과 무릇 내 육신의 얼굴을 보지 못한 자들을 위하여 얼마나 힘쓰는지를 너희가 알기를 원하노니"(골 1:29-2:1).

• 사도 바울은 개인의 말씀 사역에서 마음과 영혼의 관계를 강조했다.

"고린도인들이여 너희를 향하여 우리의 입이 열리고 우리의 마음이 넓어졌으니 너희가 우리 안에서 좁아진 것이 아니라 오직 너희 심정에서 좁아진 것이니라 내가 자녀에게 말하듯 하노니 보답하는 것으로 너희도 마음을 넓히라"(고후 6:11-13).

영적인 소통은 역사적이다: 교회사로부터 배우기

옥타비아 알버트(Octavia Albert)는 고통이라는 개념과 고통받는 이들을 위로하는 것에 대해 잘 이해하고 있었다. 알버트는 전에 노예 생활을 했던 사람으로, 루이지애나에 살면서 대학 교육을 마친 아프리카계 미국인 목사의 아내였다. 1870년대에 그녀는 과거에 노예 생활을 했던 많은 남성과 여성들의 고통스러운 이야기들을 기록하며 그들을 돌보았는데, 그중에 한 명이 샬롯 브룩스(Charlotte Brooks)였다. 알버트는 브룩스에 대해 다음과 같이 기록했다. "제가 샬롯 브룩스를 처음 만난 건 1879년 가을이었어요…. 저는 그녀를 옭아매던 루이지애나 수수밭에서의 그녀의 슬픈 삶에 관해 들으며 함께 몇 시간씩

보내곤 했어요."[1]

만약 우리가 알버트처럼 **몇 시간이고 슬픈 이야기들을 듣는 데** 시간을 보낼 수만 있다면, 우리는 성경적 상담에 있어서 훨씬 앞서가는 셈이다. 이는 단순히 내담자에 대한 정보를 수집하기 보다는, 내담자의 이야기를 진실되게 경청함으로써 함께 그 상황 속으로 들어가는 것을 의미한다.

우리는 내담자들의 이야기를 들을 때, 반드시 내담자의 이야기 속에서 그들을 공감할 필요가 있다. 공감(empathy)은 사실 성경적이고 말씀에 근거한 개념으로, 단순히 성경적 상담이라는 명목으로 트로이 목마처럼 상담 중에 추가로 성경적인 개념을 집어넣는 것이 아니다. '엠-파토스'(em-pathos)라는 단어에서도 볼 수 있듯이, 이는 '다른 이의 길 혹은 열정에 들어서다, 다른 이의 고난이 나의 고난이 되도록 허락하다, 슬퍼하는 자와 함께 슬퍼하다'라는 의미이다(롬 12:15).

옥타비아 알버트가 샬롯 브룩스의 고통을 어떻게 자신의 것으로 소화했는지 주목해보자. "가여운 샬롯 브룩스! 그녀가 눈에 눈물이 가득 고인 채로 아이들에 대해 하던 말을 결코 잊을 수 없을 거예요. '다 가버렸어요, 이제 저를 돌보아 줄 사람은 아무도 없어요!'"[2]

우리가 내담자의 이야기를 듣고 정보를 수집할 때, 우리는 옥타비아 알버트가 했던 것처럼 인간 대 인간으로, 하나님의 형상 대 하나님의 형상으로, 고통받는 자 대 고통받는 자로 영혼 간의 소통을 이룰 수 있다. 단지 내담자가 느끼는 감정을 함께 느끼는 것을 넘어서, 우리는 내담자에게 우리 또한 그것을 이해하고, 느끼고, 함께 아파하고 있다는 것을 표현할 필요가 있다. 알버트가 샬롯에게 이를 어떻게 실행했는지 살펴보자. "샬롯, 당신과 당신 주변 사람들이 겪었던 그 시련들을 들을 때마다 제 마음이 슬픔으로 떨리고 눈물이 나네요."[3]

1879년, 브룩스를 모델로 삼아서 교회는 이를 오랫동안 "인정 깊은 동정"(compassionate commiseration)이라고 부르게 되었다. 'Co-passion'은 주변 이웃을 향한 진심 어린 감정을 공유하는 것을, 'Co-misery'는 주변 이웃의 어려움을 함께하는 것을 뜻한다.

영적인 소통은 말씀에 근거한다: 하나님께서 우리에게 하신 명령

사도 바울은 예수 안에서 모든 지체에게 다음과 같이 말했다. "오직 사랑 안에서 참된 것을 하여 범사에 그에게까지 자랄지라 그는 머리니 곧 그리스도라"(엡 4:15). 따라서 우리는 희생적이고 친밀하며, 배려하는 관계적 맥락 속에서 진리를 드러내야 한다. 우리가 내담자에게 사실이지만 도전이 되는 말을 전할 때, 그것은 오로지 진정한 사랑과 관심이라는 밑거름 안에서 받아들여지고 신뢰 될 수 있기 때문이다.

성령님께서는 그리스도 안에서 지체들을 주권적으로 연합시키시며 고린도전서 12장 25-26절 말씀을 이루신다. "몸 가운데서 분쟁이 없고 오직 여러 지체가 서로 같이 돌보게 하셨느니라 만일 한 지체가 고통을 받으면 모든 지체가 함께 고통을 받고 한 지체가 영광을 얻으면 모든 지체가 함께 즐거워하느니라."

빌립보서 1장 9절에서 사도 바울은 우리를 위해 "내가 기도하노라 너희 사랑을 지식과 모든 총명으로 점점 더 풍성하게 하사"라고 기도한다. 이처럼 하나님의 말씀의 심박수는 언제나 **진리와 사랑, 말씀과 영혼, 그리고 지혜와 관계**의 리듬에 맞춰 뛰게 된다. 성경적 상담자로서 우리는 자비와 진리로 충만하신 예수님과 같은 상담자가 되기를 소망해야 한다. 우리는 공감을 통한 영적 소통과 함께 포괄적인 정보수집을 지혜롭게 병행함으로써 관계적인 유능함을 키워갈 수 있다.

슈퍼비전

내담자들과 길고 심도 있는 회기들을 가진 후에 나는 종종 이렇게 말하고는 한다. "오늘 우리는 참 중요한 이야기들을 많이 나누었죠. 오늘 우리가 이야기한 것 중에 한두 가지 정도만

이라도 가져갈 만한 것들을 추려보는 시간을 1, 2분 정도 가져보도록 합시다." 이렇게 하다 보면 종종 우리가 협동해서 만들어낸 내담자를 위한 "숙제"가 생기기도 한다. 비록 이 책이 글로 쓴 슈퍼비전이기는 하지만, 나와 독자 여러분들이 슈퍼비전용 과제를 함께 만드는 것은 어려울 것으로 보인다. 그러나 나는 여전히 독자 여러분들이 각 장에서 성경적 상담자로서 가장 인상 깊게 배운 것들이 무엇이었는지 깊이 생각하는 시간을 가져보기를 바란다. 이를 위해 각 장의 마지막에 준비된 4개의 상담자용 자가 진단 질문들을 잘 활용해보자.

■ **당신의 상담을 점검해보라**

1. 성경적 상담 후에 내담자들의 반응이 어떠할지 생각해보라.

   • "상담이 진행되는 내내 제 이야기를 정말 듣고 계시고, 진심으로 마음을 쓰고 계신다고 느꼈습니다. 정말 이해받는 기분이었어요."

   • "상담받는 동안 저는 제가 마치 실험의 연구대상이 된 기분이었어요. 심문당하고 분석 당하는 느낌이었죠."

2. 성경적 상담 회기 후에 내담자들이 상담자에 대해서 다음과 같이 느낄지 생각해보라.

   • "우리 상담 선생님은 자상한 어머니처럼 저를 사랑해 주시는 게 느껴져요." 또는 "우리 상담 선생님은 저를 격려해주시고 위로해주시는 아버지처럼 사랑해 주세요."

3. 내담자가 상담자에 대해 다음과 같이 이야기할지 진단해보라.

   • "우리 상담 선생님은 성경 말씀뿐만 아니라 영적인 소통을 해요. 친밀감 있으면서도 심도 있는 상담을 하시죠. 마치 가족이 되거나 어떤 공동체에 속한 느낌이에요."

4. 성경적 상담을 하는 회기 동안, 그리스도 안에 있는 귀한 형제자매 중 한 명인 내담자에게 얼마나 풍부하고 진심 어린 공감을 하고 있는가?

두 번째 실수

내담자의 이야기를
다 듣기도 전에
성경 구절을 들이민다

우리는 이전 장에서 잠언 18장 13절과 야고보서 1장 19절 말씀을 통하여 경청하는 것의 중요성을 살펴보았다. 대부분의 성경적 상담자가 경청의 중요성을 잘 알고 있기는 하지만, 여전히 상당수가 일명 **'듣고 바로 말하기 바쁜'**(listen and pounce) 축약된 방식의 경청을 하고 있다.

얄팍한 방식의 '용어 색인식 접근'을 지양하자

우리는 내담자의 이야기를 듣다가 종종 함정에 빠지고는 한다. 그 함정은 바로 내담자의 이야기 도중에 상담자인 내가 끼어들기에 좋은 단어가 들리는 것인데, 이것이 들리는 순간 우리는 내담자의 이야기를 진심으로 경청하기보다는 곧바로 내담자의 말을 가로막고 우리의 "지혜로움"을 드러내고자 한다.

어느 한 여성이 상담 회기에서 10분가량 이야기를 하다가

'두려움'이라는 단어를 언급했다고 가정해보자. 그 순간 우리 안에서 무언가 꿈틀거리면서 이렇게 생각하는 것이다. **방금 내담자가 '두려움'이라고 말했는데, 내가 두려움에 관한 성경 구절을 하나 아는 게 있지!** 그리고 나서 우리는 바로 그 여성에게 디모데후서 1장 6-7절을 언급하며 소심함과 두려움의 영이 아닌 예수님께 의지하며 권능과 사랑, 지혜의 영을 가지도록 집중해 보라고 설교하기 시작한다. 이때 우리는 "용어 색인식 접근"(Concordance Approach) 방식을 사용하여 성경을 구속사적인(redemptive) 복음이 아닌 얄팍한 답변을 주는 책으로 만들어버리는 것이다.

사실 그 여성의 상황과 감정은 다양한 요인에 의해 영향받고 있을 수 있다. 예를 들어, 우리가 정말 이 젊은 여성의 이야기를 잘 듣다보면, 우리는 그녀가 자신의 죄성으로 인한 두려움이 아닌 사실은 폭력적인 남편의 영향권 아래서 정말 현실적이고 실제적인 두려움을 가지고 있다는 것을 알게 될지도 모른다.

우리가 이야기의 내막을 잘 이해하지 못한 채 성급하게 디모데후서 1장 6-7절을 들이밀며 내담자에게 설교를 하게 된다면, 오히려 내담자는 이 문제를 자신이 남편과 하나님을 온전히 신뢰하지 못함으로써 그들에게 순종하지 않고 있다는 자신의 문제로 받아들이며 죄책감을 느끼게 될 수 있다. 속도를 조금 늦추고 서두르지 않는 방식으로 내담자의 전체적인 내막에 귀를 기울인다면, 우리는 내담자의 상황을 정확하게 이해하고 진심 어린 공감을 할 수 있을 것이다.

두 귀와 두 발 사용하기

우리가 내담자의 이야기를 들으면서 단지 끼어들 순간만을 찾는 것이 아니라면, 우리는 상담자로서 무엇을 어떻게 해야 할까? 우리는 우리 내담자의 **전반적인 이야기**를 듣는 동시에 하나님의 전체적인 구속사적 이야기에 귀를 기울여야 한다.

나는 상담자들에게 이 개념을 가르칠 때 이렇게 말하고는 한다. "자, 이제부터 사용하던 전자기기를 다 내려놓고, 눈을 들어 저를 보세요." 그리고 나서 한쪽 귀에 두 손을 모아 귀를 기울이는 모습을 하며 이렇게 말한다. "우리는 한쪽 귀로는 언제나 내담자의 역경, 고난, 어려움, 죄, 성화의 이야기를 인내심을 가지고, 진중하게, 마음을 다해 듣습니다." 그다음은 다른 쪽 귀에 두 손을 모으고 이렇게 말한다. "이와 동시에 우리는 언제나 그리스도의 십자가 복음, 즉 구원, 부활, 통치, 재림에 귀를 기울입니다."

그리고 나서 나는 비유를 바꾸어서 다시 이야기한다. "이제 제 두 발을 보세요. 한쪽 발로 우리는 지극히 긴밀하고 개인적인 내담자의 이야기와 상황 속으로 들어갈 것이고, 다른 한쪽 발로는 그리스도의 구속사적인 희망의 이야기 속으로 내담자와 함께 들어갈 것입니다. 우리의 소명은 이 두 차원을 오가며 넘나드는 것인데, 그렇게 함으로써 내담자가 그리스도의 구속사적 복음이 어떻게 자신의 고통스러운 삶 속에서 역사하는지 볼 수 있도록 돕습니다."

최근에 나는 한 젊은 청년을 상담할 기회가 있었는데, 이 청년은 반복적으로 관계 안에서 실망감을 경험하고 있었다. 그 청년과 대화하면서 더 깊은 차원에서 그의 내면에 어떤 일이 일어나고 있는지 살펴보았는데, 그에게 있어서 가장 큰 고통은 관계 안에서 부대끼는 것뿐만이 아니라 자신이 혼자라고 느끼는 것이었다. "아무도 저를 이해하지 못하는 것 같고, 아무도 진정으로 제 이야기를 듣는 것 같지 않아요. 사람들은 저를 고치려고만 하죠. 제가 가진 관계적인 문제들에 대해 해주시는 여러 조언은 사실 고맙기도 합니다. 하지만 정작 제가 얼마나 고립되었다고 느끼는지에 대해서는 관심이 없어요."

나는 청년이 혼자라고 느끼는 부분에 대해서 몇 가지 더 질문을 던진 후에 (누군가는 그의 이야기를 듣고 있다는 것을 확실히 알게 하고 싶었기 때문이다), 이런 질문을 했다. "혹시 성경에서 당신과 비슷하게 사람들에게 잘 이해받지 못하고, 혼자라는 사실에 슬퍼하는 인물을 떠올려 볼 수 있나요?" 그 청년은 눈을 반짝이며 이렇게 대답했다. "두 명 정도 있는 것 같아요. 남자 한 명과 여자 한 명이요. 욥기가 전반적으로 그런 맥락인데, 특히 욥기 3장에서 욥이 아무도 자신의 이야기를 듣지 않는 것에 얼마나 울부짖었는지가 참 와닿았어요! 그리고 창세기 16장에 나오는 하갈도 이해받지 못했었지만, 후에 하나님께서 그녀를 보고 계신다는 것을 알고 그녀가 많은 위로를 받았었죠."

그러고 나서 그 청년과 나는 청년이 말했던 구절들을 깊게 살펴보는 시간을 가졌다. 먼저 그는 욥이 느꼈던 고립감을 자신의 것과 연결시킬 수 있다는 것에 많은 위안을 느꼈다. 하갈의 이야기에서는 하나님께서 우리의 고통을 보고 들으신다는 것에서 희망을 발견하는 것을 볼 수 있었다. 청년의 이야기에 재빠르게 답을 제시하기보다는, 느리지만 함께 탐색해 봄으로써 그가 가진 고민을 하나님의 말씀 앞으로 가져갈 수 있었던 것이다.

목사이자 작가였던 디트리히 본회퍼(Dietrich Bonhoeffer)는 한 사람의 이야기와 하나님의 이야기를 함께 듣는 것에 대한 중요성을 그의 글에 잘 표현했다.

> 목회 돌봄(pastoral care)은 청중에게 설교하는 것과는 본질적으로 다른데, 이는 복음을 전하는 일 외에 상대방의 이야기를 듣는 것이 포함되기 때문이다. 상대방의 이야기를 듣다가 보면

때로는 다음에 나올 내용이 무엇인지 이미 예상이 되는 경우가 있는데, 이때 우리는 종종 **한쪽 귀만 열고 듣기도 한다**. 이런 식의 **인내심 없고 부주의한 듣기**는 말하는 사람을 전혀 존중하지 않는 태도이며, 오로지 **상대방의 말을 중간에 끊고 자기가 이야기할 타이밍만을 기다리는 것**과 같다. 이야기를 듣는 것이 아무 의미가 없게 되는 것이다. 우리 그리스도인들은 잘 듣는 것이 우리에게 맡겨진 일종의 귀한 사역이라는 것을 종종 잊어버리는 것 같다. 우리에게 이 일을 맡기신 이가 **듣는 데 탁월한 분**(Great Listener)이시고, 우리가 그의 일에 동참하는 것이기에 우리는 하나님의 마음으로 두 귀를 열고 들어야 한다. 또한 우리가 그렇게 할 때에 복음에 대해서도 말할 수 있을 것이다.[1]

듣고 바로 말하는 대신, 계속 듣는 연습을 하자

내담자의 이야기와 하나님의 이야기, 이 두 이야기 사이를 잘 오가기 위해서는 우리가 내담자의 이야기를 정말 지혜롭게 잘 듣는 것이 필요하다. 그 이유로는 여러 가지가 있을 수 있지만, 여기서는 두 가지 정도만 특별히 강조하도록 하겠다.

첫째, 우리가 누군가와 함께 성경 말씀에 대해서 탐색해 볼 기회는 오로지 그 사람의 상황과 그 사람 자체에 대한 깊은 관심을 갖는 것을 통해 주어진다. 이는 마치 전도하는 것과 비슷하다. 우리를 전혀 모르고, 우리가 자신에게 얼마나 관심을 갖고 있는지 알지 못하는 사람이라면, 우리가 그리스도에 대해서 나누고자 하는 것을 들어줄리가 만무할 것이다.

데살로니가전서 2장에서 사도 바울은 사람들에게 전하는 메시지 그 자체와 메시지를 전하는 사람, 그리고 메시지를 받는 사람의 관계에 대해 좋은 예를 보여준다. 사도 바울은 자기가 할 이야기를 그냥 늘어놓기만 하지 않고, 듣는 사람을 형제나 부모, 자녀나 멘토로 여기면서 복음을 전했다.

둘째, 우리는 상대방을 깊고 풍부하게 이해함으로써 말씀을 올바르게 탐색할 수 있다. 성경적 상담은 문제 하나에 성경 구절 하나를 제시하며 모든 사람에게 똑같이 적용할 수 있는 해결책을 내는 그런 것이 **아니다.** 모두에게 대입할 수 있는 하나의 정형화된 공식이 아닌 것이다.

성경적 상담은 **각자**가 처한 다른 상황에 따라 가장 **적합한** 성경 구절과 성경적 원칙들을 함께 찾아 나가는 지극히 **개인적인** 말씀 사역이다. 또한 성경적 상담은 진부한 해결책이 아닌 깊은 통찰을 필요로 하는 죄로 물들고 깨어진 세상, 즉 이 시대를 위한 하나님의 지혜라고도 할 수 있다.

성경적 상담자로서 기도하는 것에 대해서

우리 상담자들은 각 내담자에게 맞는 최선의 상담을 제공하기 위해서 빌립보서 1장 9-11절과 같은 "성경적 상담자의 기도"를 해야 한다.

내가 기도하노라 너희 사랑을 지식과 모든 총명으로 점점 더 풍성하게 하사 너희로 지극히 선한 것을 분별하며 또 진실하여 허물 없이 그리스도의 날까지 이르고 예수 그리스도로 말미암아 의의 열매가 가득하여 하나님의 영광과 찬송이 되기를 원하노라.

위와 같은 기도는 우리가 상담을 진행할 때 하나의 정형화되고 공식화된 조언을 하기보다는 좀 더 내담자 개개인에게 초점을 맞춘 조언을 할 수 있는 지혜를 구하도록 가르친다. 하나님의 귀한 형상인 내담자 앞에 마주 앉아 우리는 다음과 같이 기도할 수 있다. "하나님 아버지, 당신의 귀한 자녀인 우리 내담자가 마주한 **이** 상황을 당신 안에서 **어떤** 희망을 가지고 헤쳐갈 수 있을까요?"

하나님의 이야기와 사람들의 이야기를 연결 짓기 위해서 우리는 아무 말이나 하는 것이 아니라 반드시 경청해야 한다. 다음은 다시 본회퍼의 말이다.

많은 사람이 자신의 이야기를 들어줄 누군가를 찾고 있다. 하지만 그들은 대개 크리스천 중에서는 자신의 이야기를 들어줄 사람을 찾지 못하는데, **이는 크리스천들이 경청해야 할 순간에 자기가 이야기하고 있기 때문이다.** 자신 형제들의 이야기도 듣지 않는 사람은 곧 하나님의 말씀에도 귀 기울이지 않을 것이다. 하나님 앞에서도 계속 자기 이야기만 할 것이기 때문이다. 이야기를 참을성 있게 들을 수 없는 사람은 누군가에게 말을 할 때도 요점을 벗어난 이야기를 하며, 실제로 누군가와 대화다운 대화를 하지 않는다. 자기 시간이 조용히만 있기에는 너무 귀하다고 생각하는 사람은 결국 하나님이나 주변 이웃을 위한 시간 또한 없을 것이며, 오로지 자기 자신과 그 어리석음만을 위해 시간을 보낼 것이다.[2]

성령님으로부터 배우자

우리는 내담자의 문제를 마주할 때 보통 다음과 같이 반응한다. 곧바로 로마서 8장 28절을 펴고 하나님께서 어떻게 모든 것을 합력하여 선하게 이루어 가실지를 설파하기 시작하는 것이다. 물론 훌륭한 말씀이고, 아주 강력하기까지 하다. 우리가 이렇게 행동하는 것은 대개 내담자를 향한 긍휼한 마음이 있고, 하나님의 말씀에 대한 확신이 있기 때문이기도 하다.

그러나 두 절만 위로 눈을 돌려서 로마서 8장 26절을 살펴보면, 하나님께서 모든 것을 선하게 이루어 가신다는 것 전에 성령님께서 친히 말할 수 없는 탄식으로 우리를 위해 간구하신다는 것을 볼 수 있다. 성령님께서 우리를 아시고 우리와 함께 고난을 받으신다는 것은 우리에 대한 하나님의 애정 어린 주권을 강조하고 있음을 의미한다. 이는 강력한 개인 사역의 원칙이 될 수 있다. **인도하기**(guiding) **이전에 함께 탄식하라**(groaning).

우리는 내담자에게 어떤 조언을 하기 전에 진정으로 내담자의 고통을 알아차리고 함께 탄식하는가? 그 고통을 함께 느끼는가? 말하기에 앞서 내담자를 정말 이해하는가?

그렇다. 사랑 안에서 진실을 말해야 한다. 그러나 그 이전에 먼저 사랑하라. 내담자에 대해 더 알고, 듣고, 깊게 관계 맺고, 보듬고, 연결되고, 위로하고, 탄식하라. 함께 탄식하시고 길을 인도하시는 성령님처럼 상담하라.

그리스도로부터 배우자

요한복음 2장 24-25절에 따르면 예수님께서는 모든 사람의 마음속에 있는 것을 다 알고 계셨기 때문에 자기 자신을 아무에게도 맡기지 않으셨다고 한다. 요한복음 3장과 4장에서는 예수님께서 이러한 "사람들의 마음속에 있는 지혜"에 따라 매우 다른 두 사람에게 각각 다르게 사역하신 것을 볼 수 있는데, 이는 예수님께서 그들을 아셨고, 각자의 상황에 주의를 기울이셨기 때문이다.

그중 한 명은 니고데모라는 유대교의 종교 지도자였던 남성이었고, 다른 한 명은 전혀 종교적이지 않은 사마리아 여인이었다. 요한복음 3장과 4장에서 우리는 예수님께서 지위나 상황이 많이 달랐던 이 두 사람에게 각각 다르게 사역하시는 모습을 보면서, 각자가 처한 상황에 따라 그가 중점을 두고 전하는 복음적인 희망의 메시지가 다르다는 것을 발견할 수 있다.

예수님께서 니고데모에게는 그가 가진 신학에 삶을 적용하시며 하나님의 나라와 다시 태어나는 것과 부활에 관해서 이야기하셨다. 또한 구약성경을 인용하시며 하나님을 완전히 의지하지 않고 있는 니고데모의 교만한 마음을 지적하기도 하셨다. 반면 사마리아 여인에게는 그녀의 육적인 갈증을 영적인 갈증에 빗대어 이야기하시고, 그녀의 삶을 신학에 연결하여 말씀하셨다. 그녀에게 일상적인 요소들을 활용하여 그녀의 고통과 죄뿐만 아니라 그녀에게 하나님이 얼마나 필요한지를 짚어 주신 것이다.

예수님께서는 각 사람을 이해하시고 **그의 말씀과 방법을 각 사람의 독특한 이야기에 맞게 재단하신다.** 예수님은 일률적인 방법으로 사람을 대하는 법이 없으시며, 한 사람 한 사람 그들의 이야기를 들으시고 하나님의 이야기와 그들의 이야기를 연결 짓는 훌륭한 성경적 상담자이시다.

> ■ **당신의 상담을 점검해보라**
>
> 1. 성경적 상담을 진행할 때, 내담자의 이야기를 듣고 바로 말하기 바쁘고, 설교를 하는 식의 미성숙한 상담을 하고 있지는 않은지, 혹은 인내심을 가지고 계속해서 내담자의 이야기를 들으며 내담자를 진정으로 이해하는 시간을 가지는지 생각해보라.
> 2. 성경적 상담자로서 우리의 소명이 내담자와 함께 걷는 여정이며, 이를 통해 내담자가 어떻게 그리스도의 구속사가 자신의 고통스러운 이야기와 교차하는지 깨닫도록 돕고 있는지 점검해보라.
> 3. 성경적 상담자로서 우리가 성령님과 같이 먼저 내담자와 함께 탄식하고 인도하고 있는지 점검해보라.
> 4. 성경적 상담자로서 우리가 예수님과 같이 내담자를 이해하고, 각 내담자의 고유한 상황에 맞게 말씀을 탐구하고 적용하고 있는지 점검해보라.[3]

세 번째 실수

내담자와 함께
성경을 탐구하기보다
성경에 대해
일방적으로 이야기한다

나는 성경적 상담을 하는 상담자들을 슈퍼비전하면서 종종 상담 회기동안 성경적 **상담**이라기보다는 성경적 **가르침**을 주는 듯한 상담자들을 어렵지 않게 보았다. 가르침을 주는 것 또한 상담의 일부가 될 수는 있지만, 상담을 하는 것이 가르침을 주는 것과 동일한 것은 아니다.

일반적으로 상담자 수련 프로그램은 강의를 통해서 이루어지는 경우가 많다. 수련 프로그램 강사가 "저는 지금 강의를 하고 있지만, 부디 상담하는 것이 강의하는 것과 동일한 것이 아니라는 것을 꼭 명심해주세요."라고 아무리 강조한다고 해도, 수련받는 학생들은 여전히 강의와 상담 사이의 일대일 상관관계를 인지하게 되고는 한다.

상담 혹은 **개인적** 말씀 사역은 설교나 강의, 혹은 다수를 대상으로 하는 **청중** 사역과는 다른 것이다. 그리스도인의 삶에서 청중 사역은 강력하고 중요한 것이 틀림없지만, 우리는 성경적 상담을 청중을 대상으로 하는 설교나 강의로 생각해서는 안 된다. 개인적인 말씀 사역의 아름다움과 유익은 상담자가 하나님의 진리를 내담자의 특정한 상황이나 이야기와 연관 지을 때 형성되는 주고받는 관계이다.

협력하는 작업, 성경적 상담

사람들은 가끔 나에게 성경적 상담이 지시적인지 혹은 비지시적인지에 대해 물어올 때가 있는데, 대개 나는 성경적 상담이 **협력하는 작업**이라고 대답한다.

순전히 지시적인 상담에서는 상담자가 전문가의 위치에서 내담자에게 말을 하고 가르치게 되는데, 이때 내담자는 종종 상담자보다 낮은 위치로 여겨지기도 한다. 반면 순전히 비지시적인 상담에서는 내담자가 본인의 삶에 대한 전문가이고, 상담자의 역할은 그저 내담자 안에 있는 지혜가 발현되도록 돕는 것이 된다.

교회사를 통틀어 협력하는 성경적 상담은 중요하게 여겨져 왔는데, 이는 교회 역사가인 윌리엄 클렙슈(William A. Clebsch)와 찰스 재클(Charles R. Jaekle)의 고전 저서 『역사로 보는 목회돌봄』(지혜와사랑, 2022 역간)에도 잘 나와 있다. 역사적으로 목회 상담은 성경이 그 안내서이고, 상담자인 목회자는 내담자와 함께 하나님의 말씀과 내담자의 삶의 연결고리를 찾는 여정을 함께 하는데[1], 이것이 바로 협력하는 성경적 상담이라고 할 수 있다. 이때 목회자는 성경 말씀에 대해서 알고 있지만, 그것을 내담자에게 일방적으로 전달하는 방식으로 하지 않고, 함께 협력하여 말씀에 나타난 하나님의 성품과 지혜를 탐색해가는 자원으로 활용한다.

물고기를 손에 쥐여주는 것 vs. 물고기 잡는 법을 가르치는 것

다음은 지시적인 상담과 협력하는 상담의 차이를 보여준다.

- 내담자에게 성경을 가르치거나 전달함 → 내담자에게 물고기를 쥐여주는 것 → 내담자를 상담자의 제자로 만듦
- 내담자와 함께 성경을 탐구함 → 내담자에게 물고기 잡는 법을 가르치는 것 → 내담자를 그리스도의 제자로 만듦

나는 많은 상담자를 슈퍼비전 하면서 내담자에게 "물고기를 쥐여주는" 상담자들을 많이 보았다. 이런 상담자들은 내담자에게 성경에 대해 일방적으로 이야기하고 가르치며, 그들이 처한 상황에 대한 해결책을 떠먹여주듯이 한다. 또한 이런 상담자들은 상담 방식을 누구에게나 일률적으로 적용하는 경향

이 있는데, 예를 들면 대상이 누구든지 상관없이 같은 주제로 여서 여덟 번 정도의 성경 공부를 하는 것이다. 성경 공부를 하는 것이 도움은 될 수 있지만, 이런 상담자들은 종종 다음과 같이 말하기도 한다. "제 내담자는 전혀 성장하는 것처럼 보이지 않습니다. 왜 함께 진리를 배워가는데 그 삶의 방식은 전혀 변하지 않는 걸까요?"

이 솔직한 질문에 대해서 몇 가지 중요한 답변이 있을 수 있다. 첫째, 우리가 앞서 2장에서도 살펴봤듯이, 성경에 대한 지시적인 접근법은 내담자의 **특정** 상황에 적용하기에는 너무 일반적이다. 그래서 때때로 상담자가 하나님의 이야기와 내담자의 이야기를 연관시키지 못하는 경우가 발생할 수 있다.

둘째, 지시적인 접근법은 한 영역의 어려움을 해결하는 데 너무 집중되어 있어서, 내담자가 다른 영역의 어려움을 해결하는 데는 적용하기 어려울 수 있다. 내담자들은 손에 물고기만 쥐어져 있을 뿐 물고기를 잡는 법에 대해서는 배우지 못한 것이며, 이는 오늘의 문제를 해결하는 법은 알지만 내일의 어려움을 성경적으로 대처하는 법을 모르는 것과 같다. 한 가지 삶의 문제를 해결하는 법은 들었지만, 삶의 여러 방면에 있어서 성경을 탐색하고 적용하면서 은혜 안에서 성장하는 법은 배우지 못한 것이다.

성경적 상담자로서 우리는 단지 "물고기를 내담자의 손에 쥐여주는"식이 아닌, 하나님의 진리의 말씀을 내담자들의 삶에 어떻게 적용할 수 있을지에 대해 **성경을 낚는 방법**을 훈련시켜야 한다. 그럴 때 내담자는 단순히 한 인간인 상담자의 제자가 되기보다 가장 훌륭한 상담자이신 그리스도의 제자가 되는 것이다. 내담자는 자신의 삶의 문제를 해결하는 데 있어서 하나님의 말씀으로부터 그 지혜를 얻는 방법을 배움으로써 **스스로 상담**(self-counsel)할 수 있도록 훈련되어야 한다.

3자 회담

내담자에게 물고기를 주는 것이 아닌 물고기 잡는 법을 가르치기 위해서 우리는 먼저 **3자 회담**의 개념부터 숙지해야 한다.[2] 독백(monologue)은 내가 누군가에게 말하거나, 가르치거나, 일대일로 설교하는 때를 말하며, 저 혼자 이야기하는 것이다. 반면 대화(dialogue)는 나와 상대방이 함께 참여하여 주고받는 것이며, 서로 이야기하는 것이다. 3자 회담(trialogues)은 세 인물이 복음에 관한 대화에 참여하는 것으로, 이 대화의 참가자는 상담자, 내담자, 그리고 영과 말씀을 통해 소통하시는 하나님이시다. 이때 상담자와 내담자는 하나님의 말씀을 함께 듣고, 깨달은 진리를 삶에 어떻게 적용할지 분별하게 된다.

3자 회담을 하는 데 있어서 우리 상담자들은 신학적인 이해를 바탕으로 내담자의 이야기에 귀 기울여 듣고, 하나님의 이야기가 내담자들의 삶과 어떻게 맞닿아 있고, 적용될 수 있는지 함께 고민하는 상호작용을 해야 한다.

3자 회담에서 상담자는 성령님의 인도하심에 따라 하나님을 의지하는 것이 필요하며, 이는 앞서 2장에서 언급된 빌립보서 1장 9-11절에서처럼 상담자의 삶에 가장 연관된 분별과 지혜를 낳게 된다. 3자 회담은 또한 상담자가 성경 구절들에 대해서 매우 잘 아는 것이 필요한데, 이를 통해 상담자는 **성경의 전반적인 문맥을 따라 성경 구절을 이해하고, 그것을 내담자의 개인적인 삶의 맥락에 적용함으로써** 내담자를 인도할 수 있다. 다음에 나오는 예시를 통해서 사무엘하 13장을 통한 3자 회담 모습을 살펴보도록 하자. (특히 상담자가 내담자와 함께 성경 구절을 깊이 있고 풍부하게 탐구하기 위해 얼마나 준비되어 있어야 하는지 주목해보라).

성경 길라잡이로서의 상담자

성경을 함께 탐구한다는 것은 어떤 모습일까? 당신이 애슐리(Ashley)라는 여성을 상담한다고 가정해보자. 그날은 애슐리의 쌍둥이 아들의 열한 번째 생일 다음 날이었다. 그녀는 고개를 들지 못한 채 계속 눈물을 흘리며, 25년 전 그녀의 열한 번째 생일이 얼마 지나지 않았던 날에 그녀의 친척에게 성적으

로 학대당한 것에 대해서 이야기하기 시작한다.³⁾

이제 당신은 애슐리와 그녀의 남편 네이트(Nate)를 여러 차례 만나 그녀의 이야기를 들었고, 그녀의 고통에 대해서 충분히 공감했다고 가정하자. 이제 당신은 애슐리와 사무엘하 13장에 나오는 다말과 그녀를 강간한 그녀의 이복형제 암논에 대해서 이야기하기 시작한다. 애슐리와 3자 회담을 하는 데 있어서 어떤 이야기부터 하면 좋을지 생각해보라. 먼저 사무엘하 13장에 관한 일반적인 3자 회담 내용이 될 수 있을 만한 다음 예시들부터 살펴보자.

- "애슐리, 다말의 이야기를 읽으면서 다말에게 일어난 일 중 어떤 점이 당신의 경험과 비슷한가요? 다말의 이야기와 당신에게 일어난 일에 다른 점이 있다면 어떤 것인가요?"
- "애슐리, 사무엘하 13장 12-21절에 나오는 다말의 반응을 보면서 당신이 반응했던 것과 비슷한 점은 무엇이고, 다른 점이 있다면 그것이 무엇인가요?"

성경은 실화이고 꾸밈이 없기 때문에, 당신과 애슐리는 다말의 이야기를 함께 읽으면서 애슐리가 경험했던 학대와 비교해서 이야기해 볼 수 있도록 한다. 성경에서 이러한 이야기를 언급한다는 것 자체가 애슐리가 그녀의 경험에 대해서 좀 더 자유롭게 이야기하도록 도울 수 있는 것이다.

- "애슐리, 사무엘하 13장 5-10절에 묘사된 상황을 읽으면서 어떤 감정이 당신 안에 일었나요? 애슐리가 학대당할 때 상황은 어떠했나요?"
- "암논이 그녀의 여동생 다말을 '사랑했다'는 표현을 읽었을 때 어떤 감정을 느꼈나요?"
- "성경은 꾸밈이 없이 진실을 말합니다. 사무엘하 13장 12-16절에 암논은 다말에게 강요했고, 그녀의 말을 듣기를 거부했으며, 강제로 그녀를 겁탈했습니다. 이 부분을 읽을 때 당신은 어떠했나요? 당신이 당했던 학대와 비교하면 어떤가요?"
- "다말이 그녀의 이복오빠의 잔인함을 경험한 것에 대해서 어떻게 생각하나요? 증오심이나 배신감이 드나요? 다말의 경험을 당신의 경험과 비교하면 어떤가요?"
- "암논은 후에 마치 다말이 잘못한 것처럼 행동하며, 다말을 물건이나 위험한 여인 대하듯 합니다(삼하 13:15-17). 당신 또한 이와 같이 피해자를 함부로 대하고 사람 취급하지 않는, 죄인처럼 대하는 경험을 했나요? 그때 당신은 어땠나요?"
- "다말의 아름다움과 여성성, 그녀의 순종하는 마음은 모두 그녀에게 나쁘게 작용했습니다(삼하 13:1-2, 5-11). 이 모든

상황이 다말에게 어떤 영향을 주었다고 생각하나요? 당신에게는 어떤 영향을 주었나요?"

성경은 단지 외적인 학대에 대해서만 사실적인 것이 아니다. 성경은 내적인 영혼의 고통에 대해서도 현실적으로 묘사한다. 다음 예시에서 당신과 애슐리는 마음의 고통을 다루는 3자 회담을 가질 텐데, 이는 성경 말씀을 통해 다양한 주제들을 다룸으로써 진행된다. 예를 들어,

- "사무엘하 13장 12-16절에서 우리는 다말이 힘없고 그녀의 말이 먹히지 않는 상황 속에서 무기력함과 싸우는 장면을 보게 됩니다. 다말의 고통과 애슐리 당신의 고통을 비교해 보면 어떤가요?"
- "우리는 다말이 불명예와 비탄, 수치스러운 감정으로 고통받았음을 볼 수 있습니다(삼하 13:13, 20). 다말이 느꼈던 감정과 비슷한 감정을 느끼며 힘들어했던 적이 있나요? 혹은 다말이 느꼈던 것과는 다른 감정들 때문에 어려웠나요? 이런 어려운 감정들이 올라올 때 어떻게 대처하나요? 애슐리 자신을 어떻게 바라보나요?"
- "이 구절에 '여동생'이나 '오빠'라는 가족 단위의 단어가 자주 등장하면서 되려 근친상간의 고통을 역설적으로 강조하고

있습니다. 이러한 단어들을 볼 때 어떤 기분이 드나요?"
- "다말은 머리에 재를 뒤집어쓰고 자기가 입고 있던 색동옷을 찢어 버리고는 큰 소리로 울며 떠나갔다고 합니다(삼하 13:18-19). 다말의 슬픔에 대한 반응과 애슐리의 반응을 비교했을 때 어떠한가요? 다말과 같이 슬퍼하도록 자신을 허락한 적이 있나요? 하나님께 애슐리의 슬픔을 아뢴다면 어떨 것 같나요?"

성경은 또한 다른 가족 구성원들이 종종 피해자에게 또 다른 피해를 가할 수 있다는 것을 현실적으로 묘사한다. 애슐리와 함께 이 경우도 살펴보도록 하자.

- "다말의 친오빠 압살롬은 다말에게 조용히 있고 이 일로 너무 근심하지 말라고 말함으로써 끔찍한 상처를 주게 됩니다(삼하 13:20-22). 애슐리 당신에게도 이와 비슷하게 반응한 사람이 있었나요? 그때 어떤 기분이었나요?"
- "다말의 아버지 다윗왕은 몹시 분노했으나 아무 행동도 취하지 않았습니다(삼하 13:21). 애슐리 또한 이와 비슷한 것을 경험했나요? 그때 어떤 기분이었나요?"
- "다윗은 암논의 죽음에 대해서 슬퍼했다고 합니다(삼하 13:39). 그러나 다말이 강간당한 것에 대해서 그가 슬퍼했다

는 내용은 어디에서도 찾을 수가 없습니다. 이 점이 저를 정말 화나게 하는군요. 애슐리에게는 이것이 어떤 감정을 불러일으키나요?"

하나님은 암논의 죄와 다말의 고난으로 가득한 사무엘하 13장에도 희망이 있다고 하신다. 희망을 주는, 하나님을 마주하는 듯한 다음 3자 회담을 함께 경험해보자.

- "그 당시의 문화를 고려할 때, 다말이 암논의 어리석고 사악한 죄의 본성에 대해 강력하게 말할 수 있었다는 것은 대단한 일입니다(삼하 13:12-13). 다말이 그녀의 무기력함을 극복하고 목소리를 낼 수 있었던 용기를 어디서 발견했다고 생각하나요? 애슐리는 어떻게 그리스도를 통해 다말과 같이 할 수 있는 힘을 찾고 있나요?"
- "사무엘하 13장에서 우리는 사악한 일에 대한 하나님의 입장을 알 수 있습니다. 하나님께서는 다말이라는 인물을 통해 다말에게 일어난 학대에 대해 목소리를 내십니다. 하나님은 성적인 학대를 악하고 어리석다고 하십니다(삼하 13:12-14). 하나님께서 학대당한 자들의 편에 서시고 학대하는 자들 편에 서지 않으신다는 것을 아는 것은 당신에게 어떤 영향을 주나요?"

- "다말 이야기가 나오기 겨우 두 장 전인 사무엘하 11장에서 우리는 다윗이 지은 큰 죄를 볼 수 있습니다. 이 시점에서 하나님은 어떻게 우리가 우리의 타락한 상태를 깨닫고, 더 나아가 더 큰 다윗이신 예수님을 간절히 필요하다는 사실로 인도하고 계신가요?"

성경적 상담은 이 깨어진 세상에서 삶의 지혜인 하나님 말씀으로 돌아가는 방법에 대해 내담자를 준비시키는 일종의 제자훈련 과정이다. 우리는 내담자와 함께 말씀을 탐구하는 협력적 성경적 상담을 함으로써, 하나님의 말씀이 우리의 모든 삶의 영역에 얼마나 속속들이 연관되는지를 내담자에게 알려줄 수 있다. 우리는 또한 내담자가 매일 자기 자신에게 최고의 성경적 상담자가 되도록 돕고 격려해야 한다.

■ **당신의 상담을 점검해보라**

1. 당신의 성경적 상담은 지시적인(상담자가 전문가로서 주로 말하는) 편인가, 혹은 비지시적인(내담자가 자신의 삶에 대한 전문가인) 편인가, 혹은 같이 협력하는(내담자와 상담자 모두가 하나님의 말씀에 의해 인도받는) 편인가?

2. 성경적 상담자로서 당신은 다음 중 어느 쪽에 해당하는가?

   a. 내담자에게 성경을 가르치거나 전달함 → 내담자에게 물고기를 쥐여주는 것 → 내담자를 상담자의 제자로 만듦

   b. 내담자와 함께 성경을 탐구함 → 내담자에게 물고기 잡는 법을 가르치는 것 → 내담자를 그리스도의 제자로 만듦

3. 성경적 상담자로서 당신은 독백(monologue)하는 상담을 하는가, 내담자와 대화(dialogue)하는 상담을 하는가, 혹은 상담자, 내담자, 그리고 하나님의 영과 말씀을 통해 하나님과 함께하는 3자 회담(trialogues)식의 상담을 하는가? 내담자와 하나님의 말씀을 함께 듣고, 어떻게 삶에 적용할지에 대해 협력하여 분별하고 있는가?

4. 성경적 상담자로서 사무엘하 13장의 예시는 당신의 상담 회기와 상담 과정, 상담자-내담자 간의 관계, 그리고 내담자의 삶에 어떻게 영향을 미칠 수 있는가?

네 번째 실수

내담자의 죄 자체에 집중한 나머지 그 고통은 등한시한다

1960년대 영국의 기독교인 정신과 의사인 프랭크 레이크(Frank Lake)는 다음과 같이 말했다. "목회 상담에서 우리가 저지른 죄에 대해서뿐만 아니라 그 고통이 함께 다뤄지지 않는다면, 그것은 결함이 있을 수밖에 없다."[1] 현대 성경적 상담은 지난 수년간 **죄와 고통**을 함께 다루는 데 있어서 많은 성장을 해왔다. 오늘날 대부분의 성경적 상담자들은 기독교인 내담자들을, 고통을 마주하고 있는, 예수님처럼 성화되어 가는 여정에서 죄에 대항하여 싸우고 있는 **성인들**(saints)이라는 관점으로 바라보고 있다.

그러나 여전히 나는 여러 상담자를 슈퍼비전 하면서 그들이 숙련된 목사이든지 혹은 초보 상담자이든지 간에 공통으로 그들에게서 발견하는 패턴이 있다. 그것은 바로 상담자들이 기독교인 내담자들을 마치 타락의 늪에 빠져 사는 사람처럼 여기고, 상담을 통해 내담자들의 "마음의 우상을" 지적해줘야 한다고 생각하는 것이다.

이러한 일차원적인 시각은 상담자로 하여금 큰 실수를 하게 할 수 있다. 나는 최근에 어느 한 상담자의 상담 세션에 슈퍼비전을 위해 함께 자리한 적이 있었다. 처음에 그 상담자는 그의 남성 내담자가 인생에서 소중한 사람들을 잃은 것과 사역의 어려움에 대해 이야기하는 것을 잘 듣는듯 했다. 그러나 곧 그 상담자는 내담자의 말이 끝나자마자 다음과 같이 말했다. "제가 듣기에 당신은 위로받는 것과 편하게 살고 싶은 것을 너무 우상화하는 것 같습니다. 하나님께서는 이러한 마음의 우상을 갖는 것에 대해서 당신이 회개하기를 원하십니다. 함께 관련 성경 구절을 찾아볼까요?"

여기서 잠깐 살펴보자면, 이 상담자가 말한 내용은 어쩌면 결과적으로 맞을 수도 있지만, 내가 보기에는 지금까지 내담자가 말한 내용만을 듣고서 바로 이렇게 결론 내리는 것은 사실적인 근거가 매우 부족해 보였다. 또한 이 말을 한 타이밍이 적절하지 않았는데, 하나님 섬기는 것을 오랫동안 업으로 삼아온 이 성숙한 내담자가 상담자의 말을 듣고 수치스럽고 혼란스러워하는 것이 보였기 때문이다. 그래서 그때부터 내가 함께 상담 세션을 진행했고, 상황을 좀 더 전체적으로 파악하면서 내담자가 겪고 있는 합당한 슬픔에 대해서 이해하게 되었다. 우리는 상담을 할 때 "위로의 우상"부터 짚어내기보다는, 내담자가 겪고 있는 고통과 슬픔에 대해 깊게 이해하는 것을 적절한 시작점으로 삼아야 한다.

후속 상담에서 이 내담자는 모든 위로의 하나님이시자 공감하시는 하나님 안에서 깊게 탄식하고 슬퍼하는 시간을 가질 수 있었고, 이는 상담자와 내담자 모두에게 일종의 돌파구가 되었다. 이 계기로 그들은 상담 회기 안에서 죄와 고통을 함께 다룰 수 있었고, 그것이 얼마나 강력한 치유의 힘이 있는지를 알게 되었다.

프랭크 레이크는 상담자가 내담자의 고통을 등한시할 때 어떤 일이 일어나는지에 대해 다음과 같이 말했다. "상담자들이 일차원적인 시각을 가지고 오로지 죄의 심각성에 대해서만 다루고, 결코 끝날 것 같지 않은 고통의 중압감에 대해서는 다루지 않는다면, 내담자들은 마치 욥처럼 상담자들에 대해 불만을 느끼게 될 것이다."[21] 우리가 성경적 상담을 하는 데 있어서 스스로 주의를 기울이지 않는다면, "죄를 지적하기만 하는" 우를 범하게 될 수 있다. 따라서 우리는 끝없는 고통의 중압감까지도 다루는 포괄적이고 동정심 많은 성경적 상담자가 되어야 한다.

고통과 죄를 함께 다룬다는 것

죄와 고통을 함께 다루는 것에 대해서 이야기할 때, 몇몇 사람들은 다음과 같은 질문을 할 것이다. "당신은 우리의 가장 큰 문제가 우리의 죄성이 아니라 우리의 상처와 희생이라고 말씀하시는 겁니까?" 이 질문은 중요한 질문이며, 깊게 생각해 보아야 할 내용이다. 내가 이야기하는 바는 다음과 같이 요약될 수 있다.

1. 우리에게 가장 큰 문제는 죄이다.
2. 우리가 가장 필요한 것은 죄로부터 우리를 구해주시는 구원자 그리스도이시다.
3. 죄는 우리가 하나님께 대항하여 죄짓는 것과 서로에게 죄짓는 것을 통해서 드러난다.
4. 우리가 서로에게 죄지을 때, 우리는 서로에게 엄청난 고난과 고통을 주게 된다.
5. 삼위일체이신 하나님께서는 고통받는 자들을 연민하고 위로하고 공감하는 본이 되신다(5장에서 이 부분을 더 다룰 것이다).
6. 성경은 우리 그리스도인들에게 고통받는 자들과 함께 고통받고, 함께 울고, 공감하고, 위로하고, 돌보아주고, 격려하라고 명하고 있다(이 또한 5장에서 더 다룰 예정이다).
7. 고통에 대해서 다룰 때 우리는 죄가 개인에게 미치는 어마

어마한 영향력에 대해서 다루는 것이다.

죄에 대한 그리스도의 승리는 단지 개인만을 위한 것이 아닌 모두를 위한 것이었다. 그리스도께서는 죄의 권세를 무찌르기 위해 죽으셨고, 죽음을 포함하여 고통, 눈물, 슬픔, 애통과 같은 죄의 모든 영향력과 흔적을 없애기 위해 죽으셨다.

이는 사도 요한이 요한계시록에서 두 번이나 언급한 축복의 약속과 관련이 있다. "모든 눈물을 그 눈에서 닦아 주시니 다시는 사망이 없고 애통하는 것이나 곡하는 것이나 아픈 것이 다시 있지 아니하리니 처음 것들이 다 지나갔음이러라"(계 21:4; 계 7:17도 참고). 그리스도는 사망의 권세를 잡은 마귀(히 2:14-15)와 마지막 원수인 고난과 죽음(고전 15:25-26)을 비롯한 모든 악과 죄를 이기시기 위해 죽으셨다.

우리가 내담자들의 죄를 무시하거나 최소화하는 대신 그들의 슬픔과 고통을 가지고 우리에게 오도록 초대할 때, 우리는 실제로 죄의 깊은 영향력에 대해서 공감하고 다룰 수 있게 될 것이다. 이는 프랭크 레이크가 상담자는 반드시 내담자가 겪고 있는 고통과 죄에 대해서 둘 다 철저하게 다루어야 한다고 말한 것과 일맥상통한다. 성경적 상담자들은 모든 고난이 개인이 지은 죄에 기인한 것은 아닐 수 있다는 것을 인지하고(욥 1-2장, 요 9장 참고), 따라서 모든 상담이 내담자가 지은 죄들을 직면하는 데 집중돼서는 안 되는 것이다.

고통받는 이를 돕는 자, 파라칼레틱 상담자

헬라어 **파라칼레틱**(parakaletic)은 도움이 필요한 사람을 돕기 위해 부름을 받은 사람을 의미한다. 성경은 신약에서 이 단어를 변형하여 110번 이상 사용했다. 이에 반해 **노떼틱**(nouthetic)이라는 헬라어는 변화하기를 바라는 마음으로 죄를 직면한다는 의미인데, 신약에서 그 변형이 오직 11번 정도만 사용되었다. 성경은 우리가 고통에 대해서는 **파라칼레틱**한 위로자이자 죄와 싸우는 이들에 대해 **노떼틱**한 상담자이기를 권하고 있다. 성경적 상담자는 내담자의 죄에 너무 집중한 나머지 고통을 등한시하지 않아야 하는 것이다.

요한복음 14장에서 사도 요한은 위로자이자 상담자이신 성령님을 묘사할 때 **파라칼레틱**을 사용한다. 성령님은 우리를 격려하시는 상담자이시며, 단지 우리 옆에 계신 것이 아니라 우리 안에서 우리를 도우시고 위로하시는 분이시다. 따라서 우리 또한 성령님처럼 파라칼레틱한 상담자가 되어야 한다. 고린도후서 1장 3-7장에서 사도 바울은 파라칼레틱을 10번이나 사용하는데, 고난의 시기에 그리스도의 몸으로 부름 받은 자로서 함께 이해하고, 위로하고, 서로 격려하는 내용을 묘사하고 있다. 하나님께서는 우리 한 명 한 명을 파라칼레틱한 성경적 상담자로 부르시는데, 이는 고통을 마주하고 있는, 성경적 치유를 갈망하는 사람들을 영적으로 보듬어 주는 자가 되는 것이다.

우리는 타락한 세상에 살고 있고, 그것은 종종 우리 삶을 덮치곤 한다. 성경적 상담자들은 그런 세상의 무게에 짓눌린 사람들에게 힘을 북돋는 역할을 맡게 된다. 선한 사마리아인이 가던 길을 멈추고 고통받고 있던 자의 피를 옷에 묻혀가며 그를 돌보았던 것처럼, 영적으로 보듬는 자는 고통받고 있는 영혼에게 다가가 그의 상처를 돌본다. 우리가 내담자를 이와 같이 대한다면, 내담자들은 우리를 통해 그리스도의 무한한 돌보심을 맛볼 수 있을 것이다. 다음 장에서 살펴보겠지만, 우리의 돌봄은 그리스도의 돌보심을 가리킨다.

하나님께서는 우리가 끝없는 고난의 무게 아래 고통받는 사람들에게 유능한 파라칼레틱한 위로자가 되도록 부르고 계신다. **위로**(Comfort)라는 단어는 헬라어뿐만 아니라 영어에서도 강력한 단어인데, 영어에서 위로는 **함께하는 용기**라는 의미가 강조된다. 이는 우리가 함께 서 있을 때 더 강해지고, 함께 울고 함께 슬퍼할 때 힘을 얻는다는 의미이다(롬 12:15). 함께하는 슬픔은 견딜 만한 슬픔이 된다.

우리는 마음을 다해 고통받는 자들을 이해해야 하며, 고난을 부정하는 식의 얄팍한 행동을 거부해야 한다. 선지자 예레미야처럼 우리는 함께 탄식해야 한다. 사도 바울처럼 우리는 본향을 향해 탄식해야 한다. 우리는 에덴동산이 아닌 둥지 밖에 있는 것이다. 우리는 아직 본향에 있는 것이 아니다. 인생이 쉽지 않다는 것을 인정함으로써 우리는 상처받은 영혼과 함께할 수 있다.

파라칼레틱한 상담자들의 마음의 중심에는 그리스도가 계시다

우리는 또한 **하나님은 선하신 분**이심을 믿으므로, 사람들이 우리에게 의지하도록 하는 대신 그리스도에게로 인도한다. 우리는 고통받는 자들을 고통받는 구원자에게로 인도한다(히 4:14-16). 우리는 그들에게 예수님이라는 좋은 친구가 있다는 것을 상기시켜 준다.

우리의 파라칼레틱한 성경적 상담의 초점은 무엇인가? 우리가 고통받는 이들에게 사역할 때 우리의 목표는 단지 그들을 돌보는 것이 아니라, 그들이 그리스도 안에서 성장하도록 돕는 것임을 종종 잊어버릴 때가 있다. 우리는 고통받는 이들에게 하는 사역과 은혜 안에서 성장하는 성화의 사역을 연결시켜야 한다. 사탄은 고통 가운데 있는 사람들이 그들의 삶이 잘 안 풀릴 때, 하나님을 악한 분이라고 생각하기를 원한다. 그러나 우리는 고통받는 이들과 함께하면서 그들이 복음중심적인 삶을 추구하고, 삶이 어려울 때도 하나님은 선한 분이시라고 고백할 수 있도록 도울 수 있다. 또한 우리는 그들이 위안을 발견하지 못할 때도 하나님을 찾을 수 있도록 도와야 한다. 겸손하게 그리스도 곁에 머물러 있을 때, 그들은 조금씩 더 그리스도를 닮게 될 것이다.

> ■ **당신의 상담을 점검해보라**
>
> 1. 당신의 성경적 상담이, 저지른 죄에 대해서만 다루고 악으로 인한 고통에 대해서는 다루지 않음으로써 부족한 점이 있지는 않은지 점검해보라.
> 2. 성경적 상담자로서, 종종 일차원적인 시각으로 죄의 심각성은 다루지만, 고통의 무게에 대해서는 다루지 않고 있지는 않은지 점검해보라.
> 3. 당신이 고통을 직면하고 있는 이들을 위로하고, 용기를 북돋고, 돌보는 파라칼레틱(parakaletic)한 성경적 상담자인지 점검해보라.
> 4. 성경적 상담자로서 당신은 고통받는 이들의 고통을 충분히 이해하고, 그들을 그리스도께로 인도하고 있는지 점검해보라.

다섯 번째 실수

삼위일체 하나님의 방식대로 상담을 제공하는 데 실패한다

이전 장에서 우리는 상담자들이 종종 내담자의 고통은 등한시한 채 죄 자체에 너무 집중하기도 한다는 것을 함께 살펴보았다. 죄의 뿌리를 뽑아버리고 싶은 마음에 우리는 내담자들의 아픔이나 슬픔, 고통과 상처를 알아채고 위로하는 데 소홀해지는 것이다. 우리가 좀 더 주의를 기울이지 않는다면, 우리는 마치 욥기에 나오는 욥의 친구들처럼, 고난을 겪고 있는 욥을 위로하는 대신 그의 죄를 지적하듯 상담을 하게 될 것이다. 죄 자체에 집중하여 그것을 지적하고자 하는 동기는 대개 우리가 거룩하신 하나님과 같아지고자 하는 열망에서 온다. 그렇다고 우리가 죄를 눈감아 주어야 한다는 것이 아니다. 진실을 말해야 하기도 한다.

우리가 하나님처럼 상담하기를 갈망한다면 꼭 기억해야 하는 사실이 있는데, 하나님은 **거룩과 사랑, 진리와 은혜의 하나님이시며, 의와 자비의 하나님이시고, 죄를 직면하실 뿐만 아**

니라 고통에 대해서도 **연민하시는 하나님**이시라는 것이다. 성경적 상담자로서 우리는 죄를 직면하는 것에 그치는 것이 아닌, 고통을 위로하시는 삼위일체 하나님의 본을 받아야 한다.

성경적 상담자로서 가장 중요한 것은 하나님의 성경적 관점을 유지하는 것이다. 거룩하고 모든 것 위에 계시는 전능하신 주님은 의로 다스리시고, 상 주시는 권세를 가지고 오시는 분이시며(사 40:10), 우리를 사랑하시고 우리 안에 위로하시는 상담자로서, "그는 목자 같이 양 떼를 먹이시며 어린 양을 그 팔로 모아 품에 안으시며 젖먹이는 암컷들을 온순히 인도하시는"(사 40:11) 분이시다. 고통을 위로하시는 삼위일체의 하나님은 성경적 상담자들에게 있어서 4장에서 강조했던 **파라칼레틱**(parakaletic)한 상담을 제공할 수 있도록 하는 동력이자 본이 되어 주신다.

모든 위로와 긍휼의 아버지 하나님처럼

이전 장에서 살펴보았듯이, 우리는 사도 바울이 고린도후서 1장 3-7절에서 "위로"라는 단어의 헬라어를 10번 사용한 것을 볼 수 있다. 따라서 위로가 이 구절의 주제이지 않겠는가? 사도 바울은 이 주제어를 하나님의 분명한 이미지를 표현하는 데 사용한다. "찬송하리로다 그는 우리 주 예수 그리스도의 하나님이시요 자비의 아버지시요 모든 위로의 하나님이시며 우리의 모든 환난 중에서 우리를 위로하사 우리로 하여금 하나님께 받는 위로로써 모든 환난 중에 있는 자들을 능히 위로하게 하시는 이시로다"(고후 1:3-4). 모든 위로는 궁극적으로 하나님께로부터 온다. 이를 바꿔 말하면, 하나님이 아닌 세상에서 오는 위로는 결국 텅 비어 있는, 공허한 위로인 것이다.

긍휼의 아버지처럼 상담한다는 것

헬라어로 "자비"(mercies, NIV성경에서는 compassion)라는 단어는 다른 사람의 고통을 느끼다 라는 의미이다. 사도 바울이 살았던 시대에서 사람들은 이 단어를 **깊은 애도**(sympathetic lament)를 표현하는 단어로 사용하였다. 이사야서 63장 9절은 모든 이스라엘 백성들이 괴로워할 때, 하나님 또한 괴로워하셨다고 말한다. 하나님은 우리의 고통을 한탄하시고, 우리가 아파할 때 함께 아파하시고, 우리가 슬퍼 울 때 함께 우시는 긍휼의 하나님이시다.

우리는 우리의 삶이 힘들 때, 하나님께서 우리를 깊게 애도하며 바라보고 계시는 분이라고 생각하는가? 성경적 상담자로서 우리는 정말 하나님을 이와 같이 그리고 있는가?

고난을 겪고 있는 친구나 내담자가 우리에게 찾아올 때 우리는 진정으로 그들의 상황에 깊게 공감하고 슬퍼하는지 살펴

볼 필요가 있는데, 특히 이 과정은 마치 그들의 내적 고통이 나의 고통인 것처럼 느끼는 것을 포함한다. 실제로 나는 나의 내담자에게 애도하는 시 한 편을 써서 준 적이 있는데, 이는 내가 그 내담자의 고통을 이해하려 노력하는 과정에서 내가 느낀 바를 표현한 것이었다. 때로 이러한 방법은 내담자가 충분히 슬퍼하고 애도할 수 있도록 도와주며, 그들 자신만의 애도의 편지를 작성해 볼 수 있도록 하기도 한다.

위로의 아버지처럼 상담한다는 것

하나님은 모든 위로의 하나님이시다. "위로"라는 단어는 하나님께서 우리를 돌보시고 지켜주시는 모습을 연상케 한다. 하나님께서는 우리에게 견딜 수 있는 힘을 주신다. 사도 바울은 **위로**라는 단어를 다음과 같은 의미를 연상시킬 때 사용했다.

- 의뢰인을 변호하는 변호사
- 아이를 보호하기 위해 두 팔로 아이를 감싸고 있는 어머니
- 위험에 처한 동료와 함께 나란히 서 있는 군인

고난 중에 우리가 그린 하나님의 이미지가 이와 비슷한가? 우리는 하나님을 우리를 변호하는 분, 보호하시는 분, 우리와 함께하시는 분으로 바라보는가? 성격적 상담자로서 하나님에

대한 실제적인 이미지가 이와 비슷한가? 고통 가운데 처한 친구나 내담자가 우리에게 왔을 때, 그들은 우리를 따뜻한 변호인이자, 걱정해주는 보호자, 공감하는 동료로 느끼는가?

동정심이 많으신 예수님처럼

예수님께서는 훌륭한 상담자이신 동시에(사 9:6), 인간의 슬픔과 고통을 이해하시는 분이시다(사 53:3). 신약에서는 구약에서 나오는 예수님 상(image)을 발전시켜서 동정심이 많으신 대제사장으로 묘사하고 있다.

> 그러므로 우리에게 큰 대제사장이 계시니 승천하신 이 곧 하나님의 아들 예수시라 우리가 믿는 도리를 굳게 잡을지어다 우리에게 있는 대제사장은 우리의 연약함을 동정하지 못하실 이가 아니요 모든 일에 우리와 똑같이 시험을 받으신 이로되 죄는 없으시니라 그러므로 우리는 긍휼하심을 받고 때를 따라 돕는 은혜를 얻기 위하여 은혜의 보좌 앞에 담대히 나아갈 것이니라(히 4:14-16).

예수님께서는 우리를 이해하시고 긍휼히 여기심으로써 우리와 동일시하신다. 우리는 예수님께로 나아감에 따라 은혜와 자비를 얻고, 우리의 모든 연약함, 필요, 고통, 죄에 대해서 도움을 얻는다.

예수님께서 이 땅에 사람의 형상으로 오심으로써 우리에게 자비롭고 신실한 대제사장이 되신 것이다.

> 그러므로 그가 범사에 형제들과 같이 되심이 마땅하도다 이는 하나님의 일에 자비하고 신실한 대제사장이 되어 백성의 죄를 속량하려 하심이라 그가 시험을 받아 고난을 당하셨은즉 시험 받는 자들을 능히 도우실 수 있느니라(히 2:17-18).

히브리서에서 묘사하는 예수님의 모습은 예수님께서 사역하셨을 당시 모습에서 잘 드러난다. 요한복음 11장에서 우리는 보통 "예수께서 눈물을 흘리시더라"라는 부분에 집중하고는 하는데, 이 구절이 감동적이라는 것과 예수님께서 슬퍼하시고 동정하시는 대제사장이라는 것을 간접적으로 보여준다는 것은 의심할 여지가 없다. 그러나 우리는 요한복음 11장 35절 이전에 나오는 구절들 또한 살펴볼 필요가 있다.

> 예수께서 그가 우는 것과 또 함께 온 유대인들이 우는 것을 보시고 심령에 비통히 여기시고 불쌍히 여기사(요 11:33).

우리가 슬피 울 때, 예수님께서 우리의 고통에 대해 깊이 애통해하시고 슬퍼하신다는 것을 알고 있는가?

이에 유대인들이 말하되 보라 그를 얼마나 사랑하셨는가 하며 (요 11:36).

우리가 예수님을 바라보는 시각은 우리의 상담하는 방식이나 주변 사람들에게 예수님을 전하는 방식에 있어서 확연하게 영향을 미칠 것이다. 우리는 훌륭한 상담자이신 예수님처럼 상담하고 있는가? 우리의 친구들과 내담자들은 우리를 그들과 함께 슬퍼하고 애통해하는 자로 경험하고 있는가?

신령한 위로자 성령님처럼

예수님께서 떠나실 것을 깨달았을 때 제자들은 마음이 어려웠고 버림받았다고 느꼈는데(요 14:1-6), 이에 예수님께서 "내가 너희를 고아와 같이 버려두지 아니하고 너희에게로 오리라"(요 14:18)라고 약속하셨다.

하지만 예수님은 어떻게 그들을 떠나시면서 떠나지 않으실 수 있을까? 이는 바로 또 다른 상담자이자 위로하는 자, 변호자이자 돕는 자를 보내심으로 가능한 것이다.

내가 아버지께 구하겠으니 그가 또 다른 보혜사를 너희에게 주사 영원토록 너희와 함께 있게 하리니 그는 진리의 영이라 세상은 능히 그를 받지 못하나니 이는 그를 보지도 못하고 알지도 못함이라 그러나 너희는 그를 아나니 그는 너희와 함께 거하심이요 또 너희 속에 계시겠음이라 내가 너희를 고아와 같이 버려두지 아니하고 너희에게로 오리라…. 내가 아직 너희와 함께 있어서 이 말을 너희에게 하였거니와 보혜사 곧 아버지께서 내 이름으로 보내실 성령 그가 너희에게 모든 것을 가르치고 내가 너희에게 말한 모든 것을 생각나게 하리라 평안을 너희에게 끼치노니 곧 나의 평안을 너희에게 주노라 내가 너희에게 주는 것은 세상이 주는 것과 같지 아니하니라 너희는 마음에 근심하지도 말고 두려워하지도 말라(요 14:16-18, 25-27).

헬라어로 "돕는 자"는 우리가 4장과 5장에서 살펴봤던 단어 **파라칼레틱(parakaletic)**의 명사형 **파라칼레오(parakaloe)**이다. 성령님은 우리 안에 거하시는 신령한 파라칼레틱한 상담자이자, 격려하시며 위로하시는 상담자이시다.

2장에서 우리는 성령님이 우리와 함께 신음하고 슬퍼하시는 파라칼레틱한 모습을 살펴보았다. "이와 같이 성령도 우리의 연약함을 도우시나니 우리는 마땅히 기도할 바를 알지 못하나오직 성령이 말할 수 없는 탄식으로 우리를 위하여 친히 간구하시느니라"(롬 8:26). 성령님께서는 우리의 연약함 속에서 우리와 함께하시고, 고통 속에 있는 우리를 옹호하시며, 우리의 고통에 함께 탄식하신다.

우리는 이러한 신령한 위로자와 같이 상담하고 있는가? 우리의 친구들과 내담자들은 우리를 진정으로 위로하고, 위안을 주며, 힘이 나게 하는 사람이라고 묘사하는가? 그들은 우리가 그들의 고통을 진정으로 이해하고, 그들을 지지하며, 함께 탄식하고 있다고 경험하고 있는가?

삼위일체 하나님의 방식대로

하나님 아버지께서 우리를 위로하시는 분이라는 맥락 속에서 사도 바울은 우리에게 다음과 같이 서로를 위로하라고 말한다.

찬송하리로다 그는 우리 주 예수 그리스도의 하나님이시요 자비의 아버지시요 모든 위로의 하나님이시며 우리의 모든 환난 중에서 우리를 위로하사 **우리로 하여금 하나님께 받는 위로로써 모든 환난 중에 있는 자들을 능히 위로하게 하시는 이시로다** 그리스도의 고난이 우리에게 넘친 것 같이 **우리가 받는 위**

로도 그리스도로 말미암아 넘치는도다 우리가 환난 당하는 것도 너희가 위로와 구원을 받게 하려는 것이요 우리가 위로를 받는 것도 너희가 위로를 받게 하려는 것이니 이 위로가 너희 속에 역사하여 우리가 받는 것 같은 고난을 너희도 견디게 하느니라 너희를 위한 우리의 소망이 견고함은 **너희가 고난에 참여하는 자가 된 것 같이 위로에도 그러할 줄을 앎이라**(고후 1:3-7).

성경적 상담자들은 성경적 위로자들이 **되어야 하는데**, 이는 하나님께서 모든 위로의 아버지이시기 때문이다.

성경적 상담자들은 성경적 위로자들이 **될 수 있는데**, 이는 우리가 슬픔과 시련에 맞닥뜨릴 때 모든 위로의 하나님께로 나아갈 수 있기 때문이다. 가장 위로를 잘 해줄 수 있는 사람은 가장 위로를 잘 받아본 사람, 즉 자신의 어려움에 대해서 긍휼하신 하나님의 보살핌을 받아본 사람이다. 하나님의 무한한 보살핌이 우리를 통해 흐를 때 내담자들에게까지 흘러넘쳐 들어갈 수 있는 것이다.

이러한 이유로 하나님께서는 그리스도 안에 있는 지체들에게 서로를 돌보고 함께 고난을 받으라고 하셨다. "우리의 아름다운 지체는 그럴 필요가 없느니라 오직 하나님이 몸을 고르게 하여 부족한 지체에게 귀중함을 더하사 몸 가운데서 분쟁이 없고 오직 여러 지체가 서로 같이 돌보게 하셨느니라 만일 한 지체가 고통을 받으면 모든 지체가 함께 고통을 받고 한 지체가 영광을 얻으면 모든 지체가 함께 즐거워하느니라"(고전 12:24-26). 이러한 이유로 그리스도의 몸을 이루는 각 사람은 슬퍼하는 자들과 함께 슬퍼하고, 우는 자들과 함께 울어야 하는 것이다(롬 12:15).

이는 또한 사도 바울이 하나님 아버지와 예수님, 그리고 성령님의 본을 따르는 이유이며, 우리도 삼위일체 하나님을 본받아 상담을 해야 하는 이유이기도 하다. "우리는 그리스도의 사도로서 마땅히 권위를 주장할 수 있으나 도리어 너희 가운데서 유순한 자가 되어 유모가 자기 자녀를 기름과 같이 하였으니 우리가 이같이 너희를 사모하여 하나님의 복음뿐 아니라 우리의 목숨까지도 너희에게 주기를 기뻐함은 너희가 우리의 사랑하는 자 됨이라"(살전 2:7-8).

■ **당신의 상담을 점검해보라**

1. 당신은 하나님 아버지처럼 상담하고 있는가? 당신은 깊은 공감으로 다른 사람들과 애도하는 과정을 가지는가? 다른 사람들이 당신에 대해서 따뜻한 지지자이자 그들을 걱정하는 보호자, 혹은 그들의 진심 어린 동료로 생각하고 있는가?

2. 당신은 예수 그리스도처럼 상담하고 있는가? 당신은 다른 사람들과 함께 슬퍼하고 비통해하는가? 당신은 그들을 진심으로 공감하고 연민을 느끼는가? 그들의 고통에 대해서 깊이 있게 느끼는가?

3. 당신은 성령님처럼 상담하고 있는가? 당신은 다른 이들에게 깊은 위로와 위안을 주고 그들을 격려하고 있는가? 그들의 아픔을 이해하고 함께 탄식하는가?

4. 당신은 삼위일체 하나님처럼 상담에 임하는가? 삼위일체 하나님께 받은 위로가 당신을 통해서 내담자들에게까지 전해지고 있는가?

<u>여섯 번째 실수</u>

사람들을 포괄적인 시각이 아닌 일차원적인 시각으로 바라본다

나는 상담자들을 감독하면서 많은 상담자가 내담자들에 대해서 각자만의 "특정한" 시각을 가지고 있다는 것을 발견했다. 우리는 모두 다른 이들을 바라볼 때 주로 사용하는 시각이 있기 마련이다. 이러한 이유로 성경적 상담에서는 다음과 같은 사례들이 발생할 수 있다.

- 어떤 상담자들은 주로 **내담자가 무엇을 사랑하고 있는가**에 초점을 맞추는데, 이런 상담자들은 대개 내담자들의 마음의 우상에 대해 지적하거나, 내담자들에게 예수님에 대한 첫사랑을 회복하고 주변 사람들을 향한 희생적인 사랑을 추구하라고 조언한다.
- 다른 상담자들은 주로 **생각하는 방식이나 의미를 추구하는 것**에 초점을 맞추고 내담자들을 대하는데, 이러한 상담자들의 상담 방식은 자연스럽게 잘못된 생각을 드러내거나 마음

을 새롭게 하는 것에 집중하게 된다.
- 또 다른 몇몇 상담자들은 내담자가 **어떤 행동을 하고 무엇을 선택하는지**에 주로 초점을 맞추는데, 이러한 상담자들은 내담자들의 문제 행동이나 그 행동에 대한 동기를 내려놓고, 새로운 행동과 동기를 갖게 하도록 노력한다.
- 일부 상담자들은 주로 **내담자가 어떻게 느끼는지**에 초점을 맞춰서, 내담자들의 감정을 최대한 동일시하려고 하기도 한다. 이를 통해서 상담자들은 내담자들이 하나님께 나아가 탄식하고 감정적으로 성숙할 수 있도록 돕는다.

위에 언급된 각각의 방식들은 그 나름 고유의 문제해결 방식을 제공하지만, 하나씩 떼어놓고 본다면 그 어느 것도 통합적이거나 균형 잡혀 있지 않다. 우리 모두가 **단 하나의 시각으로만** 내담자들을 대하는 것은 아니지만, 많은 경우 하나의 시각을 크게 확대해서 보고 있다. 어쩌면 우리가 주로 하나의 관점으로 보려고 하는 이러한 경향성은 복잡한 것을 관리해보려는 시도일 수 있다.

나는 성경적 상담자 리더십 연합회에 참석한 적이 있는데, 거기서 성경적 상담의 개척자 데이비드 폴리슨(David Powlison)을 만날 기회가 있었다. 그때 그는 마음의 우상에 대해서 다뤘던 그의 글이 의도와 다르게 사용되고 있는 것에 대해서 많이 안타까워했었다.[1] 그는 사람들이 겪는 고통에 대해서 성경적 상담자들의 마음가짐을 풍부하게 하려고 그 글을 썼었지만, 몇몇 상담자들은 **오로지** 마음의 우상이라는 **하나의** 시각으로 사람들을 바라보기 시작했다.

성경적 상담은 반드시 포괄적인 이해를 동반해야 한다

2010년, 나는 34명이 넘는 전 세계의 성경적 상담 리더들과 함께 성경적상담연합회에서 "고백 성명"(Confessional Statement)을 만들기 위해 거의 1년간 함께 협력할 기회가 있었다. 12개의 성명 중 하나는 사람에 대한 성경의 이해가 풍부하고 견고하며, 복잡하고 포괄적이라는 데 초점을 맞춘다. 다음을 함께 살펴보자.

우리는 성경적 상담이 하나님의 형상으로 지음을 받은 인간 본성 전체에 집중해야 한다고 믿는다(창 1:26-28). 포괄적인 성경적 이해는 인간을 **관계적이고**(영적이고 사회적인), **이성적이고, 자율적이며, 감정적이고, 육체적인** 존재로 본다. 현명한 상담은 내담자의 삶의 전체적인 맥락에서 그 사람의 모든 부분을 신중하게 본다. 이는 내담자들이 그리스도와 대면하여 삶의 모든 것을 포용하도록 도움으로써 그들이 **관계, 생각, 동기, 행동,**

감정의 모든 면에서 더욱 그리스도를 닮아갈 수 있도록 한다.

우리는 **육체와 영혼** 간의 복잡한 관계를 인지하며(창 2:7), 이로 인해 우리는 내담자들의 삶에 영향을 미치는 육체적 요인과 유기적 문제들에 민감해야 한다. 우리는 내담자들을 포괄적으로 돕고자 하는 데 있어서 그들의 강점과 약점이 공존하는 삶에 하나님의 말씀을 적용해야 한다. 우리는 의심되는 육체적인 문제들에 대해서 세심한 평가와 적절한 치료를 받도록 내담자들을 격려해야 한다.

우리는 **내담자들과 그들의 사회적인 환경** 사이의 복잡성을 인지하며, 따라서 우리는 이로 인해 발생할 수 있는 어려움과 사회-문화적인 요소들의 영향력에 대해 민감해야 한다(벧전 3:8-22). 우리는 내담자들을 포괄적으로 돕고자 하는 데 있어서 그들의 **긍정적 혹은 부정적인 사회적 경험들**에 대해 하나님의 말씀을 적용해야 한다. 우리는 내담자들에게 교육이나 직장, 재정적인 문제 혹은 법적인 문제, 혹은 범죄(피해자이거나 가해자이거나) 등에 대한 문제가 있다면, 그들이 적합하고 실질적인 도움을 받을 수 있도록 격려해야 한다.[21]

하나님께서는 모든 성경적 상담자들이 인간에 대해 성경 전반에 걸쳐 포괄적인 이해를 하기 원하신다.

성경적 상담자들은 인간을 성경적으로 이해할 필요가 있다

이 정도의 얇은 책에서는 사실 성경에서 말하는 사람에 대한 건강한 이해에 대해 깊이 있게 다루기는 어려울 것이다(이 부분에 대해서 더 알고 싶다면, 「복음 중심 상담」의 6장과 7장을 참고하라).[3] 따라서 이 장에서 다루게 될 내용은 딱 두 가지이다. 첫째, 말씀에 근거한 인간에 대한 이해의 틀을 잡는 것과 둘째, 성경적 상담에 있어서 인간을 포괄적으로 이해한다는 것을 간결하게 몇 가지로 요약하는 것이다.

하나님의 형상을 지닌 우리는 다음 그림 1에 표현된 것처럼 다차원적이다. 이 지식은 우리가 의미 있고 성경적인 보살핌을 제공하려고 할 때 인간의 마음과 삶에 작용하는 많은 요소를 주의 깊게 고려하도록 돕는다. 여러 동심원 중에 가장 안쪽 원을 보면, 아래쪽으로 화살표가 있고, 그 화살표가 또 다른 작은 세 개의 동심원을 가리키고 있는 것을 볼 수 있다. 이 작은 세 개의 동심원은 우리 인간을 각각 나 자신을 인식하는 존재, 사회적인 존재, 그리고 영적인 존재라는 것을 보여줌으로써 우리가 관계적인 존재라는 것을 나타낸다. 이해심 많고 포괄적인 돌봄은 이러한 각각의 측면에 우리의 관심과 참여를 요구하고 있다.

그림 1. 인간에 대한 성경적인 이해 – 영의 구조에 대해서

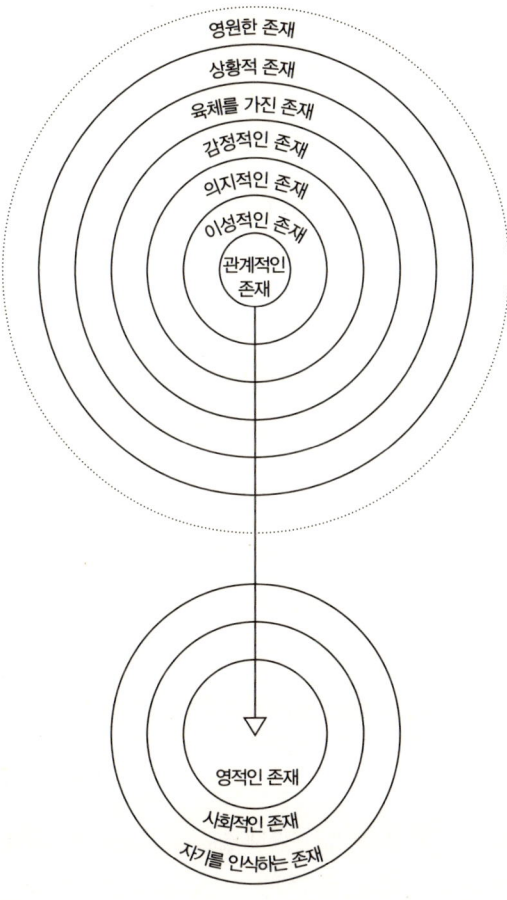

1. 우리는 영원한 존재이다 (전 3:11; 눅 4:1-13; 행 17:28; 고전 10:31)

하나님은 궁극적으로 우리를 그분과 관계 맺는 존재로 만드셨다. 우리는 **코람 데오**(coram Deo), 즉 그분과 대면하는 존재이다. 우리가 겪는 어떤 고통스럽거나 좋은 일이든지 간에 결국 하나님 안에서 일어나는 일인 것이다. 그림 1의 큰 원의 가장 바깥 원이 점선으로 되어 있는 것을 보라-이는 하나님께서 우리 존재를 감싸시고 기준점이 되시는 것을 의미한다. 우리 인간이 경험하는 모든 경험과 본성은 궁극적으로 '하나님의 현실 세계'(God-reality) 안에서 모두 통합되는 것이다. 따라서 우리 상담자들은 내담자들이 겪는 외적인 사건이나 내적인 경험들을 결코 무시하지 않으면서도, 언제나 그들이 더 큰 맥락에서 사랑이 많으신 하나님의 전능하심을 경험할 수 있도록 도와야 한다.

2. 우리는 상황적 존재이다 (마 26:40; 고전 12:24-27)

우리는 "상황에 놓여진 존재"(situated soul)이다-하나님은 그가 설계하신 세상에서 우리가 서로 연결되고 영향을 받으며 지내도록 하셨다. 심지어 완벽한 동산에서 하나님과 온전한 관계를 맺고 있었던 아담조차도 혼자 지내는 것은 좋지 않았다. 따라서, 하나님과 친밀한 관계를 맺는 것 자체가 타락한 세상의 영향력으로부터 우리를 완전히 보호해줄 것이라는 생각은 전혀 성경적이지 않은 것이다. 성경적 상담자로서 우리는 내담자들의 과거와 현재의 삶의 상황을 고려하고, 인간관계로부터 오는 기쁨과 고통의 중요성 및 그 영향력에 대해 인지하고 있어야 한다. 우리는 내담자들이 겪는 고난, 아픔, 트라우마가 주는 영향력을 이해하기 위해 노력해야 한다.

3. 우리는 육체를 가진 존재이다 (창 2:7; 마 26:41; 고후 4:7)

하나님께서는 우리를 육체와 영혼으로 이루어진 복합체로 만드셨다. 우리의 육체의 상태는 영적인 상태에 영향을 주고, 그 반대로도 작용한다. 따라서 성경적 상담자들은 영적인 것의 중요성을 이해하는 동시에 우리가 육체를 가졌다는 현실을 무시해서는 안 되며, 또한 영과 육이 연결되어 있다는 것을 항상 고려해야 한다(이와 관련된 내용은 8장에서 더 다룰 것이다).

4. 우리는 감정적인 존재이다 (시 139:13-14; 마 27:46)

하나님께서는 우리가 삶을 더 깊고 풍부하게 경험하도록 설계하셨다. 우리가 느끼는 여러 감정은 모두 하나님이 만드신 것이다. 하나님의 말씀은 우리가 느끼는 감정들에 대해서 하나님 앞에 가지고 나아오라고 격려한다. 따라서 성경적 상담자들은 인간이 감정을 가진 존재라는 것을 인정하고, 내담자들을 감정적인 존재로 포용하며, 더 나아가 내담자들이 그들의 감정을 솔직하게 마주하고 하나님께로 나아갈 수 있도록 도와야 한다(이와 관련된 내용은 7장에서 더 다룰 것이다).

5. 우리는 의지적인 존재이다 (수 24:15; 마 26:39)

하나님께서는 우리를 용감하게 선택할 수 있는 존재로 설계하셨다. 우리는 의지적으로 하나님을 향하거나 그렇지 않은 방향을 추구할 수 있다. 따라서 성경적 상담자들은 내담자들이 그들의 행동 뒤에 숨은 마음의 동기를 평가하고, 더 나아가 하나님을 예배하고 주변 사람들을 사랑하도록 하는 궁극적인 동기를 가지도록 도울 수 있다.

6. 우리는 이성적인 존재이다 (마 6:9; 롬 8:31-39; 12:1-2; 빌 2:5-11)

하나님께서는 우리가 지혜롭게 생각하도록 설계하셨는데, 이에 관해 어떤 개혁주의자는 하나님께서 우리가 하나님의 생각을 따라 생각하도록 설계하셨다고 말하기도 했다. 우리는 인생을 그리스도 중심의 관점으로 보거나 세상 중심의 관점으로 바라볼 수 있다. 따라서 성경적 상담자들은 내담자들이 그들의 상황 속에서 색안경을 끼고 그리스도를 평가하는 것이 아닌, 그리스도의 십자가의 관점으로 그들의 상황을 바라볼 수 있도록 격려해야 한다.

7. 우리는 관계적인 존재이다 (마 22:35-40; 요 4:1-26)

하나님께서는 우리가 희생적으로 사랑하며 살도록 설계하셨는데, 그 대상은 우리 자신과 이웃, 그리고 하나님이다.

a. 우리는 자기를 인식하는 관계적인 존재이다
(시 42:5; 눅 2:49; 요 17:20-26; 롬 12:3)

하나님은 우리를 동물처럼 본능대로 살거나 컴퓨터처럼 프로그래밍한 대로 살도록 설계하지 않으셨다. 궁극적으로 하나님은 우리가 그리스도 안에서 누구이고 누구에게 속했는가에 따라 우리의 정체성이 정해지도록 설계하셨다. 이는 사도 바울이 로마서 12장 3절에서 강조했던 하나님께서 주신 믿음에 비추어 우리 자신을 생각하라고 했던 이유이기도 하다. 따라서 성경적 상담자들은 내담자들이 그리스도 안에서 새로운 정체성을 따라 살도록 도와야 한다.

b. 우리는 **사회적이면서** 관계적인 존재이다
(창 2:18; 마 22:39-40; 요 10:11)

앞서 살펴본 **상황적인 존재**로서의 우리는, 우리가 서로에게 미치는 영향과 그러한 인간관계의 영향력을 인식하는 것의 중요성을 깨닫게 해주었다.

이 **사회적이며 관계적인 존재**의 범주에서는, 하나님께서 우리를 **상호 희생적인 사역의 관계**를 맺도록 설계하셨다는 것을 강조한다. 따라서 성경적 상담자들은 내담자가 다른 사람과 소통할 때 자기중심성을 내려놓고 타인중심적 관계를 맺을 수 있도록 도와야 하는데, 이는 그리스도로부터 오는 힘과 그 사랑 안에서 가능하다.

c. 우리는 **영적이면서** 관계적인 존재이다 (마 22:25-28; 눅 23:46)

우리는 예배하는 존재이다. 하나님께서는 우리가 하나님을 높이고, 기뻐하고, 우리의 영혼을 그분께 맡기도록 설계하셨다. 우리 영혼의 거룩함은 우리가 삼위일체 하나님과 얼마나 관계 맺을 수 있는가에 달려있다. 그림 1은 우리가 누구인지를 묘사하는 데 있어서 우리가 **영적이면서 관계적인 존재**라는 것을 정중앙에 나타냄으로써 이 개념을 잘 보여주고 있다. 따라서 성경적 상담과 성경적 상담이 아닌 일반 상담의 차이는 우리의 경험과 본성의 모든 양상을 하나님과의 관계 안에서 해석한다는 것이다.

예를 들어, 우리가 내담자들과 그들의 과거 가족관계에 관해서 이야기할 때, 우리는 다음과 같이 질문하게 된다. "이런 고통스러운 관계들 속에서 하나님은 당신에게 어떤 존재였나요?" 또한 내담자들의 감정적인 트라우마를 다룰 때도 우리는 다음과 같이 질문한다. "당신이 이를 경험했을 때 하나님은 어디 계셨고 당신에게는 어떤 존재였나요? 당신이 이 모든 것들을 느끼면서 하나님 안에서 당신의 영혼을 달래고 그분께 맡긴다는 것은 어떤 의미입니까?"

성경적 상담 적용하기: 그리스도인 성숙도 점검 목록

자, 이제 인간에 대한 성경적 이해(그림 1)가 성경적 상담과 기독교인들의 삶에 어떻게 적용될 수 있을지 함께 살펴보자.

성경적 상담의 궁극적인 목적은 그리스도를 닮아가고, 그로 인해 하나님께 영광을 돌리는 데 있다. 그러나 우리는 **그리스도 안에서 성장해간다**라는 말을 그리스도가 어떠한 분인지에 대한 명확한 개념이 없이 다소 추상적으로 사용하고 있다. 따라서 '그리스도인 성숙도 점검 목록'(Christlike Maturity Inventory, 약칭 CMI)은 그리스도를 닮아간다는 것이 어떤 의미인지에 대해서 실제 삶에 적용할 수 있도록 도울 것이다.

그리스도인 성숙도 점검 목록(CMI)은 크게 두 가지 방법으로 사용될 수 있다. 첫째, 이 척도는 상담자들이 상담하는 데 있어서 내담자의 삶을 포괄적으로 다루고 있는지 확인할 수 있게 도와준다. 예를 들어, 이 목록은 상담자가 스스로 '나는 지금 내담자가 오로지 혹은 주로 감정적인 존재라는 것에만 집중하고 있는 것은 아닌가?'와 같은 질문을 하면서 진단해 볼 수 있도록 한다.

둘째, 우리는 이 목록을 내담자들에게 숙제를 내주거나 성장 정도를 평가하는 지표로 사용할 수 있다. 각 항목에 대해서 논의하면서 우리는 내담자가 그리스도를 닮아간다는 것에 대해 더 넓은 이해를 하도록 도울 수 있고, 또한 내담자들이 자신의 성장을 진단하고, 자기 자신에게 최고의 성경적 상담자가 될 수 있도록 이 지표를 사용하도록 할 수 있다.

CMI 1. 우리는 영원한 존재로서 하나님이 궁극적인 우리의 환경이 되시도록 설계되었다 (눅 4:1-13; 행 17:28; 고전 10:31)

상담자를 위한 질문: 우리의 내담자는 예수님이 그러하셨던 것처럼 그들의 상황을 하나님의 사랑의 시선으로 판단하고 받아들이는가 혹은 그들의 상황에 따라 하나님의 사랑을 다르게 해석하고 받아들이는가?

누가복음 4장 1-13절을 보면, 예수님은 완벽한 에덴동산에 계신 것이 아니라 황량한 광야에 계셨지만, 여전히 성령으로 충만하셨고, 성령의 인도를 받으셨다. 성경적 상담자로서 우리는 내담자가 그들의 공허한 현실을 마주하고 하나님의 임재와 힘으로 채워질 수 있도록 도와야 한다.

CMI 2. 우리는 상황적 존재로서 서로 연결되고 영향을 주고받도록 설계되었다 (마 26:40; 고전 12:24-27)

상담자를 위한 질문: 우리의 내담자들은 예수님이 하셨던 것처럼 이 망가진 세상에서의 삶을 있는 그대로 경험하는가?

내담자를 위한 질문: 나는 이 타락한 세상에서 느끼는 삶의 고통을 얼마만큼 정직하게 마주하고 있는가? 나는 아픔을 마주하는 데 있어서 어떻게 그리스도의 본을 따를 수 있는가?

마태복음 26장 40절은 하나님 아버지와 온전한 관계 안에 계시고 우리의 완벽한 구원자이신 예수님이 그의 피조물인 사람들과의 관계에서 실망감을 경험하신 것을 묘사한다. 이에 대해 예수님은 지나치게 영적으로 반응하시기보다는, 오히려 정직하고 솔직하게 자신의 슬픔과 실망감을 다음과 같이 표현하셨다. "제자들에게 오사 그 자는 것을 보시고 베드로에게 말씀하시되 너희가 나와 함께 한 시간도 이렇게 깨어 있을 수 없더냐"(마 26:40). 성경적 상담자로서 우리는 타락한 인간관계가 가지는 영향력에 대해 고려해야 하며, 또한 내담자들이 이러한 상황들을 그리스도처럼 솔직하게 마주할 수 있도록 격려해야 한다.

CMI 3. 우리는 육체를 가진 존재로서 영과 육이 공존하도록 설계되었다 (창 2:7; 마 11:28-30; 26:41; 고후 4:7)

상담자를 위한 질문: 우리의 내담자들은 그들의 질그릇에 보배를 가졌다는 사실을 아는 것으로 인해 매 순간 성령님을 의지하고 있는가?(고후 4:7)

내담자를 위한 질문: 내가 하나님의 무한하신 능력에 의존하게 하는 나의 육체적인 연약함과 한계는 어느 수준인가?

마태복음 26장 41절에서 예수님은 "마음에는 원이로되 육신이 약하도다"라고 말씀하시며 인간 육체의 연약함을 표현하셨고, 그의 생애와 사역 기간에 몸을 쉬게도 하셨다. 또한 예수님은 성령님을 통해 항상 아버지 하나님 안에서 육적으로나 영적으로 새 힘을 얻으셨다. 성경적 상담자로서 우리는 인간의 몸의 연약함과 그것이 우리의 영에 미칠 수 있는 영향력을 인지해야 하며, 내담자들이 그들의 힘든 몸을 이끌고 그리스도께로 나아올 수 있도록 도와야 한다(마 11:28-30).

CMI 4. 우리는 감정적인 존재로서 여러 감정을 깊게 느끼며 살도록 설계되었다 (시 139:13-14; 마 27:46)

상담자를 위한 질문: 우리의 내담자들은 예수님처럼 그들의 감정을 하나님 아버지께 나아가 이야기하는가?

내담자를 위한 질문: 나는 내가 느끼는 모든 것에 대해 얼마나 솔직하게 그리스도 앞에서 탄식함으로 내 영을 달래고 보살피는가?

그리스도와 같은 감정이라는 것은 과연 무엇일까? 나쁜 일이 생겨도 그것에 대해 불평하지 않고 표현하지 않는 것일까? 예수님의 삶을 보면 그렇다고 볼 수는 없다. 예수님은 십자가에 달리시면서도 다음과 같이 말씀하셨다. "예수께서 크게 소리 질러 이르시되 엘리 엘리 라마 사박다니 하시니 이는 곧 나의 하나님, 나의 하나님, 어찌하여 나를 버리셨나이까 하는 뜻이라"(마 27:46).

예수님은 자신의 경험이나 감정을 부정하거나 혹은 막 드러내시지 않으셨다. 예수님은 그분의 감정을 하나님 아버지께로 가져가서 쏟아놓으셨다. 성경적 상담자로서 우리는 내담자들이 열린 마음으로 그들의 상황과 영적인 상태에 대해서 이해심이 많으신 하나님께로 나아가 탄식할 수 있도록 격려해야 한다.

CMI 5. 우리는 의지적인 존재로서 용감하게 선택하도록 설계되었다 (수 24:15; 마 26:39)

상담자를 위한 질문: 우리의 내담자들은 예수님이 그러하셨던 것처럼 그들의 의지를 하늘 아버지의 뜻에 온전하게 맡기고 순종하는가?

내담자를 위한 질문: 나는 나의 의지를 하나님 아버지 뜻에 얼마나 맡기고 순종하는가?

마태복음 26장 39절에서 예수님은 얼굴을 땅에 대시고 엎드려 다음과 같이 기도하셨다. "내 아버지여 만일 할 만하시거든 이 잔을 내게서 지나가게 하옵소서 그러나 나의 원대로 마시옵고 아버지의 원대로 하옵소서." 성경적 상담자로서 우리는 내담자들이 정직하게 선택지들을 마주하고, 용감하게 결정하고, 하나님 아버지께 순종하는 것을 통해 더 그리스도를 닮아가도록 도와야 한다.

CMI 6. 우리는 이성적인 존재로서 지혜롭게 생각하도록 설계되었다 (마 6:9; 롬 8:31-39; 12:1-2; 빌 2:5-11)

상담자를 위한 질문: 우리의 내담자들은 예수님이 그러하셨던 것처럼 인생을 그리스도의 십자가로 표현된 하나님 아버지의 거룩한 사랑의 눈으로 바라보고 해석하는가? 또한 그들은

희생적 이웃 사랑을 통해 하나님 아버지를 영화롭게 하는 삶을 살아가겠다는 마음가짐을 가지고 있는가?

내담자를 위한 질문: 나는 얼마나 삶을 십자가라는 렌즈를 통해 바라보고 해석하고 있는가? 나는 얼마나 하나님을 높이고 다른 이들을 섬기는 것을 통해 그리스도의 마음을 증거하고 있는가?

빌립보서 2장 5절은 우리에게 그리스도 예수의 마음을 품으라고 말한다. 그다음 구절인 6-11절은 그리스도의 마음가짐에 대해서 집중적으로 묘사하는데, 이는 결국 무엇이 하나님께 영광을 돌리는 것이고, 다른 이들을 섬기는 것인지를 잘 나타낸다. 빌립보서 2장 1-4절은 (로마서 12장 1-2절에서처럼) 새로운 마음가짐은 언제나 하나님의 자비와 은혜, 사랑에 대해 새롭게 인식하는 것으로부터 시작한다고 가르친다. 성경적 상담자로서 우리는 내담자들에게 하나님이 그들의 마음을 새롭게 하시는 근원이 되시는 분임을 상기시켜야 한다.

CMI 7. 우리는 자기를 인식하는 존재로서 그리스도 안에서 정체성을 갖도록 설계되었다 (시 42:5; 눅 2:49; 요 17:20-26; 롬 12:3)

상담자를 위한 질문: 우리의 내담자들은 예수님처럼 그들의 정체성을 하나님 아버지와의 관계 안에서 찾는가?

내담자를 위한 질문: 나는 얼마나 그리스도 안에서의 나의 성경적 정체성을 이해하고 적용하고 있는가?

우리는 확실히 인간관계 속에서 자아라는 개념을 형성하지만, 우리의 궁극적인 정체성은 반드시 하나님과의 관계 속에서 발견되어야 한다. 열두 살 소년이셨던 예수님은 그의 부모에게 다음과 같이 말씀하셨다. "어찌하여 나를 찾으셨나이까 내가 내 아버지 집에 있어야 될 줄을 알지 못하셨나이까 하시니"(눅 2:49). 또한 서른세 살의 예수님은 다음과 같이 말씀하셨다. "아버지여 내게 주신 자도 나 있는 곳에 나와 함께 있어 아버지께서 창세 전부터 나를 사랑하시므로 내게 주신 나의 영광을 그들로 보게 하시기를 원하옵나이다"(요 17:24). 성경적 상담자로서 우리는 내담자들이 그리스도 안에서 그들의 정체성을 발견할 수 있도록 도와야 한다.

CMI 8. 우리는 사회적이면서 관계적인 존재로서 서로 희생하며 관계 맺도록 설계되었다
(창 2:18; 마 20:28; 22:39-40; 요 10:11; 15:13)

상담자를 위한 질문: 우리의 내담자들은 그리스도가 그러하셨던 것처럼 희생적인 사랑의 섬김을 다른 사람들과의 관계의 목표로 삼는가?

내담자를 위한 질문: 나는 얼마나 그리스도처럼 다른 이들을 위한 희생적인 사랑을 보이는가?

예수님은 섬김을 받으려 함이 아니라 도리어 섬기러 오셨으며(마 20:28), 또한 예수님은 선한 목자로서 그의 양들을 위하여 목숨을 버리기까지 하셨다(요 10:11). 성경적 상담자들은 내담자들이 다른 이들을 위해 삶을 내려놓기까지 궁극적으로 사랑하는 것을 목표로 삼고 살도록 도와야 한다.

CMI 9. 우리는 영적이면서 관계적인 존재로서 하나님을 예배하며 살도록 설계되었다 (마 22:35-40; 눅 23:46)

상담자를 위한 질문: 우리의 내담자들은 그리스도가 그러하셨던 것처럼 하나님 아버지의 선하신 마음에 그들의 영혼을 온전히 내맡기는가?

내담자를 위한 질문: 나는 얼마나 내 삶의 주요 목적을 하나님을 높이고, 나 자신을 그분께 맡기고, 그분을 온전하게 누리는 것으로 삼고 있는가?

예배는 하나님의 선하신 마음을 높이고, 우리 자신을 그 선하신 마음에 맡기고, 친밀하게 그 선하신 마음을 누리는 것이다. 십자가에 달리신 예수님은 우리를 위해 죽으시기 직전에 자신의 영혼에 우리의 모든 죄를 짊어지시고 아버지의 선하신 마음에 자신의 영혼을 맡기셨다. "아버지 내 영혼을 아버지 손에 부탁하나이다!"(눅 23:46). 성경적 상담자로서 우리는 내담자들이 어떤 트라우마나 고통, 시련을 마주하고 있을지라도 그들이 여전히 하나님을 믿을 수 있도록, 또한 선하고 선하신 하나님 아버지에게 그들의 영혼을 맡길 수 있도록 도와야 한다.

당신의 상담 목적과 초점은 무엇인가? 우리가 내담자들을 일차원적인 시각으로만 바라볼 때, 우리의 목적은 매우 좁고 균형을 잡지 못하게 된다. 그러나 우리가 내담자들을 성경적으로 바라볼 때, 우리의 목적은 풍부하고 포괄적으로 된다.

■ **당신의 상담을 점검해보라**

1. 성경적 상담자로서 당신이 내담자들을 바라보는 "특정한" 시각을 가지고 있지는 않은지 살펴보라. 당신은 내담자를 일차원적인 시각으로 바라보는가 혹은 여러 가지를 고려한 포괄적인 시각으로 바라보는가?

2. 당신은 성경적 상담이 하나님의 형상을 닮아 창조된 인간 본성(창 1:26-28)에 대해서 내담자의 전 영역을 포괄적으로 다루어야 한다고 믿는가?

3. 성경적 상담자로서 당신은 '그리스도인 성숙도 점검 목록'(CMI)에서 나열한 아홉 가지 지표에 해당하는 성숙한 그리스도인으로 성장하고 있는가?

4. 성경적 상담자로서 당신은 내담자들이 그리스도인 성숙도 점검 목록(CMI)에서 나열한 아홉 가지 지표에 해당하는 성숙한 그리스도인으로 성장할 수 있도록 돕고 있는가?

일곱 번째 실수

감정을 하나님이 만드신 것으로
보지 못하고 무시한다

사람들은 종종 감정에 대해서 이야기할 때 극단에 치우치기가 쉬운데, 이는 그리스도인들 사이에서도 마찬가지다. 어떤 사람들은 감정을 타락의 결과로 보고 감정들을 쌓아 두거나 무시하기도 하고, 또 어떤 사람들은 감정을 마치 왕처럼 떠받들어서 감정이 그들을 지배하도록 두기도 한다.

성격적 상담자 중 몇몇은 감정을 하나님의 형상 중 일부라고 보지 않는 사람들도 있다. 우리는 하나님께서 우리를 지으실 때 **관계 맺을 수 있는** 영과 **생각할 수 있는** 마음, 그리고 **선택할 수 있는** 의지를 함께 주셨다는 사실은 받아들이면서, 감정은 하나님이 주신 것이 **아니라고** 생각하는 경향이 있다. 우리는 감정을 축복보다는 저주로, 좋은 것보다는 나쁜 것으로 보면서 그것을 억누르고, 무시하고, 없는 척하기까지 한다.

또한 어떤 이들은 감정에 대해서 평가절하할 뿐만 아니라 비하하면서 "당신의 감정을 믿지 마세요."라고 하는 것을 어렵지 않게 들을 수 있다. 이는 감정을 다소 우리의 욕구나 신념, 동기보다 "더 타락한" 것으로 여긴다는 것을 암시하기도 한다. 그러나 성경적으로 더 정확하게는 다음과 같이 말할 수 있을 것이다. "하나님의 말씀이나 성령의 인도하심 하에 복종하지 않는 어떤 욕구나 신념, 동기나 감정들을 신뢰하지 마십시오."

우리의 감정을 지으신 하나님

그렇다면 하나님은 성경에서 우리의 감정에 대해서 뭐라고 말씀하시는가? 우리는 그리스도가 느끼셨던 감정에 대한 태도에서 어떤 본을 받을 수 있는가? 우리가 그리스도와 같이 거룩한 삶을 살고자 한다면, 감정에 대한 하나님의 관점을 가지는 것이 필요하다. 또한 우리가 성경적으로 상담을 하고자 한다면, 감정에 대한 성경적이고 실제적이며, 신학적인 지식이 필요할 것이다. (감정에 대해 성경이 어떻게 가르치고 있는지 더 깊게 알고 싶다면 저자의 글, "성경에서는 감정에 대해서 뭐라고 말하나요? 감정지능 가나다 배우기"를 참고하라.)[1]

하나님은 그의 형상을 닮아 만들어진 사람을 보시고 "심히 좋았더라"(창 1:31)라고 감탄하셨다. 감정은 하나님의 속성인 것이다. 우리는 하나님의 형상을 따라 만들어졌고, 감정 또한 그 안에 포함된다. 존 파이퍼(John Piper)는 다음과 같이 말했다.

"하나님의 감정은 우리가 완전히 이해할 수 없을 정도로 한없이 복잡하다."[2] 우리의 감정은 하나님에 의해 설계되었고, 따라서 그의 감정의 복잡함과 닮아 있는 구석이 있다. 우리의 감정은 **심히 좋게** 만들어졌다.

기묘하고 기이하게 만들어진 감정

감정은 하나님이 주신 것이다. 아담은 타락하기 전부터 감정이 있었고, 그리스도 또한 감정을 갖고 계신다. 감정은 죄가 아니라 유익한 것이고, 심지어 아름답기까지 한 것이다.

시편 기자는 이를 잘 이해했다. 하나님이 우리를 창조하실 때 극진한 보살핌으로 하셨다는 것을 묘사하는 고전적인 시편 **139편에서는 감정이 특별히 우리의 내면의 한 측면으로 표현된다.** "주께서 내 내장을 지으시며 나의 모태에서 나를 만드셨나이다"(시편 139:13). 다른 번역본에서 "내장"(Inmost being)은 신장 또는 허리로 번역되기도 한다. 시편 73장 21절에서는 가슴이 쓰리고 심장이 찔린 듯이 아프다고 표현하기도 했으며, 잠언 23장 16절은 속이 유쾌하리라고 말씀하신다.

히브리어 언어학자 한스 울프(Hans Wolff)는 셈어(Semitic language)에서 신장, 위, 장, 자궁 등을 감정 상태를 나타내는 표현으로 사용하곤 했다고 설명한다.[3] 실제로 우리가 감정을 느낄 때 몸 안에서 경험하는 것들이 있는데, 예를 들어 우리가 불안함을 느낄 때 속이 울렁거린다고 하는 것이다.

하나님은 우리의 내장, 신장, 그리고 감정들을 만드셨다. 당신의 감정은 하나님이 기묘하고 기이하게 만드신 것이다. 사실, 우리의 감정은 하나님이 기묘하고 기이하게 만드셨다고 유일하게 강조하시는 부분이다.

우리는 왜 감정을 느끼는가

하나님은 왜 우리 안에 감정을 심어 놓으셨을까? 감정의 목적과 기능은 무엇인가? **감정**(emotion)이라는 단어의 근원은 **모터러**(motere)라는 라틴어에서 왔는데, 이는 "움직이다"(to move)라는 뜻이며, 앞에 접두어 "e"가 붙어서 "떠나가다"(to move away)라는 의미가 된다. 이는 행동하려는 경향이 모든 감정에 내재해 있음을 시사한다. 본질적으로 모든 감정은 행동하고 반응하는 경향성이라고 볼 수 있는 것이다. 결국 **하나님께서 우리를 움직이게 하시려고 감정을 우리 안에 심어 놓으셨다**는 것을 의미한다.

감정은 외적 행동의 동기가 되는 내적 반응을 나타내는데, 이때 감정은 의식(mind)에 신호를 보내서 더 높은 기어를 장착하도록 한다. 이를 좀 더 성경적으로 이해하려면, 베드로전서

5장 7-8절을 참고해보자. "너희 염려를 다 주께 맡기라 이는 그가 너희를 돌보심이라 근신하라 깨어라 너희 대적 마귀가 우는 사자 같이 두루 다니며 삼킬 자를 찾나니."

우리는 이 두 구절이 성경에 함께 등장함에도 불구하고 서로 연관시키기 어려워하곤 한다. 다른 감정들과 마찬가지로, 불안은 우리를 움직이게 하는 하나의 감정이다. 우리가 느끼는 여러 감정과 우리의 마음은 우리가 위험하다고 느끼는 위협을 감지하는 역할을 한다.

우리는 불안을 유발하는 상황에 대해, 사람들에 대한 두려움과 불필요한 자기보호와 같은 타락한 감정으로 반응하거나, 혹은 같은 상황에서 우리의 염려를 하나님께 맡기고 경계하고 깨어있는 것으로 반응할 수도 있다. 세상이 타락하기 이전에 불안의 창조적 개념은 **깨어있음**(vigilance)으로 묘사될 수 있는데, 이는 우리가 살아가는 세상 속에서 신호들을 포착하고 그것에 하나님을 의지하고 타인을 보호하는 방향으로 반응하는 것을 의미한다.

불안을 포함한 감정들이 항상 죄라고 생각할 필요는 없다. 우리는 사도 바울이 분노에 대해 언급한 에베소서 4장과 불안에 대해서 언급한 베드로전서 5장 7-8절을 함께 참고하면서 우리에게 맞게 수정해볼 수 있다.

염려하되 죄를 짓지 말라. 대신 위협을 감지하면 너의 염려를 다 주께 맡기라. 너의 염려를 스스로 깨어있기 위해 사용하라. 뱀이 유혹했을 때 그 의무를 다하지 못한 아담과 하와처럼 되지 말고, 대신 악한 자의 공격으로부터 그의 제자들을 보호하기 위해 항상 자리를 지키며 그 의무를 다하신 그리스도처럼 돼라.

우리는 감정을 악하고 타락한 것으로만 보는 것이 아니라, 하나님이 우리 안에서 감정을 어떻게 설계하셨는지를 이해해야 한다. 감정은 우리가 외부와 내면을 돌아보며 재차 확인하게 만드는 중요한 역할을 한다. 감정은 우리의 내적 세계와 외부 세계를 이어주는 "영의 파수꾼"(inner sentinel)이라고 할 수 있는 것이다.

이제 우리는 감정에 대해 다음과 같이 정의를 내릴 수 있다.

- 감정은 우리가 세상을 경험하고 그에 반응함으로써 우리의 **내적·외적 세계**를 연결하는 하나님이 주신 능력이다.
- 감정은 **긍정적**(기쁨)이거나 **부정적**(고통)인 내적 감정 모두에 우리가 온전히 반응하고 경험할 수 있는 능력을 포함한다.

복잡한 감정들에 대한 성경적인 이해 모델

여러 감정에 대한 이해를 돕기 위해서, 이전 장에서 다룬 내용인 하나님이 우리의 내면을 어떻게 설계하셨는가에 관해 되짚어 보도록 하자. 우리는 앞서 하나님께서 우리를 감정적인 존재로 지으셨다고 배웠지만, 그렇다고 우리가 단지 감정만 있는 존재라는 의미는 아니며, 감정이 우리를 지배하는 것 또한 당연한 것이 아니다. 대신 하나님은 감정이 우리의 신념과 확신에 복종하고 반응하도록 우리를 설계하셨다. 비록 우리 내면의 풍부한 상호작용을 일렬로 늘어놓는 것으로 전부 설명하기는 어렵겠지만, 다음은 우리의 감정, 욕구, 그리고 동기의 상호작용에 대해서 나열한 것이다.

1. 우리가 믿는 것은 (합리적인 방향; 롬 12:1-2)
2. 하나님과 삶에 대해서 (관계적인 애정; 시 42:1-2)
3. 우리가 추구하는 방향을 알려주며 (의지적 동기; 수 24:15)
4. 세상에 대한 우리의 경험적이고 감정적인 반응에 영향을 준다 (감정적 반응; 엡 4:17-19)
- 우리가 믿는 것은 → 하나님과 삶에 대해서 → 우리가 추구하는 방향을 알려주며 → 세상에 대한 우리의 경험적이고 감정적인 반응에 영향을 준다.

베드로전서 5장 7-8절에서 이것이 어떻게 적용되는지 함께 살펴보자. 이 구절의 문맥은 고난과 핍박에 대한 그리스도인의 반응에 관한 것이다. 우리가 고난에 어떻게 반응해야 하는지에 대해 핵심을 파악해보라. 그 핵심은 "그가 너희를 돌보심이라"라는 문장에 있다. 우리는 그가 우리를 돌보고 있다는 확신에 대한 **반응으로** 우리의 불안을 그에게 맡길 수 있는 것이다.

- 하나님에 대한 우리의 믿음(그가 우리를 돌보신다는)이 우리가 불안이라는 감정에 대해서 경건하게 반응(염려를 그에게 맡기고 깨어서 악에 대항하는)하도록 하는 동기가 된다.
- 경건한 믿음(합리적인 방향)은 경건한 애정(영적인 애정)을 격려하고 고취하며, 이는 차례로 경건한 동기와 행동(의지적 동기)을 유발하고 궁극적으로 우리의 감정을 그리스도처럼 다루도록 격려한다(감정적 반응).

내적 및 외적 세상과 상호작용하도록 설계된 감정

이제 우리의 내면의 삶에 관한 입문적 성경 지식을 바탕으로, 감정을 이해하기 위한 실제적인 성경적 모델을 고려해보자. 이를 위해, 감정들을 그것의 강도와 복잡성에 따라 아래의

"요약 형식"에 배치할 것임을 먼저 언급하겠다. 우리 모두 감정이란 콕 집어 이야기하기 어렵다는 것을 알고 있다. 감정이란 복잡하고, 엉망인데다, 현실적이고, 때론 노골적인 것을 우리는 안다. 하지만 상담자와 내담자가 "비논리적인" 감정에 대해서 논리적으로 접근해보는 것은 그것을 이해하는 데 도움이 될 수 있다.

- **외적인 상황 + 내적 인식이 = 외적·내적 문맥에 대한 감정적인 반응을 제공한다.**

우리는 **부정적인** 상황에 대한 우리의 복잡한 감정반응을 다음과 같이 요약해 볼 수 있다.

- 부정적인 상황 + 성경적 신념 = 합당한 고통스러운 감정 (고통, 슬픔 등)
- 부정적인 상황 + 비성경적 신념 = 합당하지 않은 고통스러운 감정 (미움, 절망 등)

당신의 상사가 당신에게 "당신이 망쳤어요."라고 말했다고 가정해보자. 당신의 감정은 이러한 부정적인 상황과 당신의 내적 신념에 대해 반응할 텐데, 만약 당신이 성경적 신념을 가지고 있다면 다음과 같이 생각할 것이다. "상사가 인정해주는 건 좋지만, 그게 꼭 필요한 건 아니지. 왜냐하면 나는 그리스도 안에서 하나님께 인정받는 사람이니까." 그리고 당신이 잘못한 경우라면 그 후에 반응은 자연스럽게 실망감이나 자책감, 후회와 같은 합당한 고통스러운 감정을 느끼는 것이다.

반면, 당신이 마음에 "사람을 두려워하여" 반드시 상사의 인정이 필요한 사람이라면, 이 상황에 대해 통제되지 않는 분노나 절망감, 증오에 이르는 우울한 감정을 느끼는 등 합당하지 않은 고통스러운 감정으로 반응하게 될 것이다.

우리는 **긍정적인** 상황에 대한 우리의 복잡한 감정반응을 다음과 같이 요약해 볼 수 있다.

- 긍정적인 상황 + 성경적 신념 = 합당한 긍정적인 감정 (기쁨, 평강 등)
- 긍정적인 상황 + 비성경적 신념 = 합당하지 않는 긍정적인 감정 (교만, 자기만족 등)

이번에는 당신의 상사가 당신에게 "당신은 언제나 일을 아주 완벽하게 처리해요!"라고 했다고 가정해보자. 만약 당신이 긍정적인 외적인 상황에 대해서 성경적 신념을 가지고 있다면, 다음과 같이 반응할 것이다. "나를 온전하게 보시는 분은 오직 그리스도뿐이시지. 그리스도를 본받으려 하는 모습이 하나님을 높여드리는 일이 된 것 같아 참 기쁘다." 그 후에 당신은 평강, 기쁨, 그리고 만족과 같은 합당한 긍정적인 감정을 경험할 것이다.

반면 만약 당신이 사람들의 칭찬에 목을 매며 그것을 위해 사는 사람이라면, 상사의 칭찬에 대해서 자부심과 교만함과 같은 합당하지 않은 긍정적인 감정을 느낄 것이다.

요약하면, **감정적인 반응의 핵심은 그 사건의 배후에 있는 의미에 대해서 우리가 어떤 신념을 가지고 어떻게 인식하느냐에 있는 것이다.** 사건들은 우리가 그것에 대해서 기뻐하거나 혹은 슬퍼하는 감정을 느끼는 것에 영향을 미친다. 그리고 우리의 갈망, 신념, 목표는 우리가 감정적인 반응을 거룩하게 할지 혹은 죄를 짓는 방향으로 할지에 영향을 미친다.

성경적 상담과 감정

물론 감정적인 측면에서 우리의 삶은 결코 좋기만 하거나 정돈되어 있지 않다. 현실은 외적으로 발생하는 일이 오로지 긍정적이거나 부정적이기만 한 경우는 거의 없고, 우리의 내적인 신념 또한 항상 지혜롭거나 어리석다고만 할 수도 없다.

또한 감정만 우리의 신념에 영향을 주는 것이 아니라, 우리의 신념 또한 감정에 의해 영향을 받는다. 솔직히 말해서 인생은 엉망인 경우가 많지 않은가. 감정들 또한 대부분 엉망이다!

이것이 성경적 상담 관계의 아름다운 가치이다. 우리는 감정의 혼란과 함께 **우리에게** 혹은 **우리 안에서** 어떤 일이 일어나고 있는지에 대해 정리를 도와줄 누군가가 필요하다.

그러나 성경적 상담자들이 감정에 관한 실제적인 성경적 지식을 가지고 있지 않다면, 사실 어떠한 도움도 주기 어렵다. 따라서 성경적 상담자들은 먼저 감정이 무시해도 괜찮은 것이 아니라 매우 큰 가치가 있음을 인지할 필요가 있다. 감정은 비하해도 되는 것이 아닌, 하나님께서 그분의 형상인 우리 안에 설계하신 핵심적인 측면이다. 성경적 상담자들은 감정을 그리스도인들의 삶과 관계 안에서 하나님이 설계하신 대로 가치 있게 여겨야 한다.

이러한 성경적인 이해를 가지고 우리는 성경적 상담자들로서 자유롭게 내담자들의 감정적인 삶에 참여하고 공감할 수 있다. 이것이 우리가 1장에서 다룬 영적인 소통이며, 4장에서 강조했던 고통에 대해 공감하는 상담이자, 5장에서 살펴본 삼위일체 하나님의 방식대로 상담하는 것을 의미한다.

우리가 내담자들의 감정적인 삶에 관여할 때, 우리는 그들의 감정에 이성을 곁들일 수 있도록 도울 수 있다. 우리는 내담자들이 자신의 주관적인 경험에 적용할 수 있는 성경적 지식을 떠올리도록 도울 수 있다. 이는 감정에 관한 성경의 가르침에 대해 내담자와 함께 대화하면서 이루어진다. 이 과정의 일환으로 나는 종종 내담자들에게 이 장에서 앞서 언급했던 "성경에서는 감정에 대해서 뭐라고 말하나요? 감정지능 가나다 배우기"라는 글을 읽도록 소개하기도 한다.[4]

자, 이제 3자 회담을 한번 해보자(3장 참고). 이 장에서의 멋지고 깔끔한 정리는 다소 엉망으로 변할지도 모르지만, 내담자들이 하나님의 진리와 연관되도록 돕고, 하나님이 그들의 감정적인 경험에 임재하시는 의미 있는 복음에 관한 대화가 될 것이다.

■ **당신의 상담을 점검해보라**

1. 성경적 상담자로서 당신은 감정을 무시하는가 혹은 하나님이 설계하신 중요한 인간의 측면이라고 보는가?

2. 감정 또한 하나님이 만드신 것이고, 하나님께서 그것을 기묘하고 기이하다고 말씀하셨다는 사실은 당신의 성경적 상담에 어떤 영향을 미치는가?

3. 성경적 상담을 진행하는 데 있어서 당신은 내적인 삶에 대한 성경적 지식을 얼마나 잘 혹은 잘못 활용하고 있는가?

- 우리가 믿는 것은 → 하나님과 삶에 대해서 → 우리가 추구하는 방향을 알려주며 → 세상에 대한 우리의 경험적이고 감정적인 반응에 영향을 준다.

4. 성경적 상담을 진행하는 데 있어서 당신은 내담자와 소통하고 격려하는 과정 중에 감정을 이해하기 위한 실제적인 성경 지식을 얼마나 잘 혹은 잘못 활용하고 있는가?

여덟 번째 실수

영혼과 육체 간의 상호연결성을 깊게 고려하지 않는다

이번 장은 바로 직전에 다뤘던 6, 7장과 함께 총 10장으로 이루어진 이 책의 큰 범주 내에서 미니 3부작을 이룬다. 6장에서 우리는 인간에 대한 포괄적이며 성경적인 이해에 대해 다루었고, 7장에서는 우리가 종종 우리의 감정에 대해서 그 가치를 평가절하한다는 내용을 다루었다. 이제 우리는 성경적 상담자들이 영혼과 육체가 복잡하게 연결되어 있다는 것에 대해서 얼마나 간과하고 있는지에 대해 다루어 볼 것이다.

우리는 영혼을 치료하고 보살피는 사람들로서, 자연스럽게 마음의 문제에 집중하게 된다. 성경적 상담자들은 대부분 의학적인 훈련을 받지 않았기 때문에 당연히 의학적 상담은 지혜롭게 피해야 한다. 그러나 우리는 많은 경우 영적인 것에 적절하게 집중한다고 하면서, 결국에는 **영적인 것에만** 집중하게 되는 경향이 있다. 나는 그동안 성경적 상담자들을 슈퍼비전하면서, 아래와 같은 상황들을 어렵지 않게 볼 수 있었다.

- 우리는 때로 물리적인 요소들이나 생리적인 문제들이 줄 수 있는 영향력을 간과한다.
- 우리는 때로 몸 전체 상태를 확인할 수 있는 건강검진의 필요성을 인지하지 못한다.
- 우리는 식단이나 운동, 휴식이나 잠에 대해서 신중하게 고려하지 못한다.
- 우리는 영혼과 육체 간의 상호작용에 관한 성경적 가르침을 잘 적용하지 못한다.
- 우리는 종종 트라우마가 신체 혹은 감정의 영역에 미치는 잠재적 영향력에 대해서 알지 못하는 경우가 있다. 실제로 트라우마는 "몸은 기억한다", "뇌는 뇌 안에 마음을 가지고 있다"라는 말이 있을 정도로 신체적으로나 감정적으로 영향을 준다.
- 우리는 가끔 향정신성 약물 사용을 비하하는 경향이 있는데, 심지어는 아주 심각한 조현병이나 양극성 우울장애 혹은 심각한 우울증에 대해서도 그러하다.

위와 같은 실수들을 피하기 위해서 우리는 영혼과 육체의 상호연결성에 대한 창조-타락-구원의 개념을 이해할 필요가 있다. 인간의 생리적인 측면이 정서나 정신구조에 미치는 영향을 이해하는 것은 개인의 상황과 고통에 대한 다양한 측면을 인지하도록 하는 중요한 열쇠가 된다.

창조: 하나님이 만드신 영과 육의 연합체

6장에서 우리는 성경적상담연합회의 "고백 성명"을 함께 살펴봤는데, 거기에도 영혼과 육체의 상호연결성에 관한 내용이 있다. 이와 가장 관련 있는 부분을 함께 살펴보자.

> 우리는 육체와 영혼 간의 복잡한 관계를 인지하며(창 2:7), 이로 인해 우리는 내담자들의 삶에 영향을 미치는 육체적 요인과 유기적 문제들에 민감해야 한다. 우리는 내담자들을 포괄적으로 돕고자 하는 데 있어서 그들의 강점과 약점이 공존하는 삶에 하나님의 말씀을 적용해야 한다. 우리는 의심되는 육체적인 문제들에 대해서 세심한 평가와 적절한 치료를 받도록 내담자들을 격려해야 한다.[1]

태초에 하나님은 우리를 복잡한 조합의 연합체로 만드셨는데, 그 조합은 흙과 생기, 뇌와 마음, 영과 육이다. "여호와 하나님이 땅의 흙으로 사람을 지으시고 생기를 그 코에 불어넣으시니 사람이 생령이 되니라"(창 2:7).

성경적 시각으로 본다면, 우리는 우리를 구성하는 몸 자체보다는, 몸 안에 영으로서 존재한다. 몸은 우리의 전 생애 동안 함께하는 기관이고, 그 안에 다양한 성격을 가지고 있는 셈이다. 인간은 몸을 가짐으로 인해 하나님과 관계 맺는 데 있어서 몇 가지 특성을 나타내는데, 이는 유한성, 우연성, 필연성, 의존성, 연약함, 나약함 그리고 죽음을 면치 못하는 것이다. 하나님은 무한하시지만 우리는 유한하다.[2]

몸을 가진 우리는 하나님께서 기묘하고 기이하게 만드신 작품이다(시 139:13-16). 우리는 하나님께서 모양을 내시고, 빚고, 가죽과 살로 덧입히시고, 뼈와 힘줄로 엮어서 만드신 그분의 작품인 것이다(욥 10:3-12). 따라서 우리 상담자들은 내담자가 겪는 고통에 있어서 신체적 특성들이 중요한 역할을 할 수 있다는 사실을 간과해서는 안 된다.[3]

하나님은 우리를 만드실 때 육체와 정신을 가진 존재로서 물질적 측면과 비물질적 측면을 복잡하게 엮어 놓으셨다. 열왕기상 18-19장에 나오는 엘리야 이야기는 **육체가 영혼에 미치는 영향력**에 대해서 잘 묘사하고 있다. 엘리야의 극적인 외부 상황들과 그의 피곤하고 연약해진 몸은 그의 내면에 영향을 끼쳤다. 엘리야의 영적인 침체에 대한 하나님의 해결책 중 하나는 그의 영이 다시 성경적 관점을 회복하는 것과 하나님과의 관계 및 그분에 대한 신뢰를 회복하는 것이었다. 엘리야를 향한 하나님의 또 다른 해결책은 그의 육체와 관련된 것으로, 이는 그저 잘 쉬고, 먹고, 자는 것이었다. 또한 하나님은 상황적으로 엘리야를 보호하시고, 그를 위협하는 것들을 제거하셨다. 이러한 다차원적인 하나님의 보살핌은 우리에게 상담을 받으러 오는 상처 입고 지친 내담자들에게 우리가 어떻게 다가가야 할지를 잘 보여준다.

마찬가지로, 성경은 **영이 육체에 미치는 영향력**에 대해서도 잘 묘사하고 있다. 시편 32편에서 다윗은 그가 입을 열지 아니할 때 종일 신음하므로 그의 뼈가 쇠하였다고 고백했다(3절). 영은 육체에 영향을 주고, 육체는 영에 영향을 준다.

타락: 죄로 타락한 육체에 갇힌 영혼들

우리는 모두 영과 육의 혼합체이며, 창세기 3장 이래로 모든 인간은 이 두 영역에서 타락의 영향력을 절감하고 있다. 우리는 타락한 육체에 타락한 두뇌를 가지고 타락한 세상에 살고 있는 타락한 영혼들인 것이다.

우리 몸은 더 이상 원래 설계된 대로 완벽하게 기능하지 않는다. 예를 들어, 우리의 타락한 몸의 일부인 간은 우리가 무엇을 먹는지에 따라 혹은 우리의 주변 환경에 의해 병에 취약해질 수 있다. 마찬가지로, 우리의 타락한 몸의 또 다른 일부인 두뇌는 우리 몸에 흡수되는 물질들뿐만 아니라 유전적인 요인들과 노화 과정에 의해 영향을 받을 수 있으며, 또한 우리가 맺는 사회적 상호작용이나 관계적인 트라우마에 의해 병들 수 있다.

우리는 우리가 지음 받은 대로 온전히 살고 있지 못하며, 죄는 우리의 영과 육의 모든 영역에서 깊게 영향력을 행사하고 있다.

구원: 그리스도에 의해 새롭게 되어 마지막 영광을 기다리는 우리

우리의 마지막을 담당하는 것은 타락이 아닌 구원이다. 이에 대해 바울은 우리가 하나님의 영광의 보배를 우리의 몸인 질그릇에 가졌다고 표현한다(고후 4:7). 몇 구절 후에 바울은 우리의 겉사람(육신, 현세)은 낡아지나 우리의 속사람(영혼, 영생)은 날로 새로워진다고 말한다(우리는 매일 그리스도 안에서 내적인 성장을 이루어 간다).

우리 몸에는 뇌와 장기, 뉴런과 세포, 피부와 온갖 화학 물질들, 땀샘 등이 있는데, 우리는 이 모든 것을 의의 종으로서 하나님께 바치거나 혹은 불의의 종으로서 죄에 복종할 수 있다. 즉 우리의 "육신"은 뿌리 깊은 의의 도구가 되거나 뿌리 깊은 악의 도구가 될 수 있는 것이다(롬 6:11-23; 16:18; 빌 3:19-21).

만약 우리가 육신이 전부인 것처럼 살고 우리의 지체를 불의에 내맡긴다면, 우리는 "육에 속한 사람들"이다. 만약 우리가 이 세상이 전부인 것처럼 살고 현세만을 중요하게 여긴다면, 우리는 "세속적인 사람들"이다. 그러나 우리가 육신을 가지고 하나님의 영광을 위해서 살 때, 우리는 "하나님께 속한 사람들"이 된다.[4]

로마서 8장에서 바울은 "그뿐 아니라 또한 우리 곧 성령의 처음 익은 열매를 받은 우리까지도 속으로 탄식하여 양자 될 것 곧 우리 몸의 속량을 기다리느니라"(23절)라고 하며, 우리가 모든 피조물과 마찬가지로 우리 안에 구원받은 속사람이 영광의 날을 위하여 탄식하고 있다고 말한다. 우리는 죽은 자의 부활을 갈망한다. 우리의 몸은 고린도전서 15장 42-44절 말씀과 같이 될 것이다. "죽은 자의 부활도 그와 같으니 썩을 것으로 심고 썩지 아니할 것으로 다시 살아나며 욕된 것으로 심고 영광스러운 것으로 다시 살아나며 약한 것으로 심고 강한 것으로 다시 살아나며 육의 몸으로 심고 신령한 몸으로 다시 살아나나니 육의 몸이 있은 즉 또 영의 몸도 있느니라."

뇌와 마음, 그리고 향정신성 약물

영혼과 육체의 연결에 관해 이야기할 때 향정신성 약물에 대해 이야기하지 않을 수 없다. 이에 관한 토론은 종종 성경적 상담자들 사이에서도 강한 반응을 일으키기도 한다. 물론, 이 짧은 장에서 그 토론에 대한 결말을 내기는 어렵고, 아마도 몇몇 사람들을 불편하게 할 수도 있을 것이다. 어떤 이들은 사람들이 약물을 너무 신뢰하지 못한다고 주장하고, 다른 이들은 약물이 너무 많은 신뢰를 받고 있다고 주장할 수 있다. 당신이 이 주제에 대해서 더 깊게 알아보고 싶다면, 이와 관련하여 다음과 같이 다양한 성경적 상담자들의 관점을 살펴보도록 하라: 다니엘 버거(Daniel Berger), 마이크 엠렛(Mike Emlet), 로라 헨드릭슨(Laura Hendrickson), 찰스 호지스(Charles Hodges), 로버트 서머빌(Robert B. Somerville), 그리고 에드 웰치(Ed Welch).[5]

우리가 6장에서 함께 살펴봤듯이, 사람들을 일차원적인 시각으로만 바라보는 것은 너무 순진하다 못해 결국 내담자에게 해를 끼치는 일이 될 수 있다. 따라서 우리는 생리적인 측면이 내담자들에게 영향을 미칠 가능성에 대해서 반드시 먼저 고려해야 한다. 다음은 정신과 의사이자 성경적 상담자인 로라 헨드릭슨의 말이다.

모든 감정적인 어려움이 엄격한 "영적인 방법들"에 의해 변화될 수 있다고 생각하는 것은 위험한 발상이다. 어떤 사람들에게 영성은 신체적인 연약함까지 포용하는 것을 의미한다. 우리가 육체의 중요성에 대해서 간과할 때, 우리는 하나님을 신뢰하고 의지한다는 것의 의미를 오해하게 된다. 이미 감정적으로 고통받고 있는 이들에게 그들의 어려움을 해소하기 위해서는 하나님께 순종하기만 하면 된다는 식으로 말하는 것은 그들에게 더 많은 짐을 지우는 것이며, 이는 잘못된 것이다.[6]

또한 사람을 통합적으로 본다는 것은 향정신성 약물의 개입을 삶의 문제들에 대한 유일한 해결책으로 여겨서는 안 된다는 의미이다. 안타깝게도, 요즘 우리 문화에서는 많은 전문가가 사람을 주로 물질적이거나 물리적인 시각으로 바라보는 것이 일반적이며, 이로 인해 향정신성 약물 처방을 주요 수단으로 사용한다. 이런 일이 발생할 때, 약물치료가 한때는 치료과정의 한 부분이었던 것이 이제는 환자가 겪는 다양한 감정적, 정신적 어려움을 무시해도 괜찮다고 정당화하는 수단으로 사용되는 것이다.

이러한 우려는 단순히 성경적 상담자들의 세계에만 국한되지 않는다. 정신과 의사인 알렌 프란시스(Allen Frances)와 에드워드 쇼터(Edward Shorter)는 적절한 시기에 적당한 약물을 처방하는 것은 유익할 수 있지만, 한편 사람들이 일시적인 슬픔이나 흥분, 주의가 산만해지는 등의 단순한 경험조차도 약물치료가 필요한 병이라고 스스로 믿고 있다고 우려했다.[7]

물질주의적 세계관에 대한 염려와 더불어 우리는 또 하나 간과하지 말아야 할 것이 있는데, 향정신성 약물 사용이 아직은 그 초기 단계에 있다는 것이다. 따라서 우리는 관련 부작용들이나 실제로 사람들을 치료하는 데 얼마나 성공했는지 등을 반드시 고려해야 한다.[8]

헨드릭슨은 감정적, 정신적 고통에 대한 영적인(spiritual) 접근과 육적인(physical) 접근 간의 관계에 대해 균형 잡힌 관점을 갖도록 장려했다. 그녀는 향정신성 약물이 포괄적이고 전인적인 접근의 일부로 사용 된다면, 그 사용은 그리스도인들이 여러 이슈에 대해서 자유를 얻었던 일(롬 14-15장)이나 성경적 분별을 요하는 일(빌 1:9-11)로 간주할 수 있다고 보았다.

나는 모든 고통스러운 감정이 몸의 질병으로 인한 것이라고 볼 수는 없으나, 여전히 우리가 느끼는 감정들에 있어서 몸이 중요한 역할을 한다는 것에 대부분 동의한다고 본다. 나는 또한 정신과 약물을 복용하는 것이 죄가 되거나 약점을 인정하는 것이라고 생각하지 않는다. 다만, 약을 복용하는 데 있어서 영적인 부분을 고려하지 않는 것은 가장 중요한 요소를 해결하지 않은 채 남겨둔 것이라고 볼 수 있다. 사실 나의 지난 20년의 정신과 및 성경적 상담 경험에 의하면, 대부분의 경우 약물을 복용하는 것만으로는 감정적인 고통을 완전히 또는 영구히 해결할 수 없다.[9]

목사와 의사에 대해 교회사가 주는 가르침

종종 우리가 영혼에 대한 몸의 역할에 관해 이야기하면, 몇몇 사람들은 우리가 현대 정신의학의 세계관에 굴복했다고 의심할 수 있다. 이러한 우려들을 고려했을 때, 나는 우리의 신앙의 선구자들이 이러한 주제들에 대해서 어떻게 인지했는지를 살펴보는 것이 도움이 된다고 생각한다.

마틴 루터는 영적인 것에 강하게 초점을 둔 사람이었지만, 원인과 치료의 관점에서 모든 문제를 영적인 것으로 보지 않았다. 루터는 목사를 영혼의 의사로, 의사를 육체의 의사로 보았기 때문에 그들과 협력하였다. 루터에게 있어서 영혼 혹은 육체를 돌보는 현명한 의사는 원인을 먼저 파악하고 그 후에 적절한 치료에 관한 처방을 내리는 의사였다.

또한 루터는 비록 사탄이 질병이나 죽음을 일으키는 첫 번째 원인일 수는 있어도, 이것이 물리적인 치료에 대한 필요성을 부정하지는 않는다고 말한 적이 있다. "일반적으로 말해서, 내 생각에는 모든 위험한 질병은 마귀의 공격이라고 볼 수 있는데, 마귀는 이를 위해 우리 주변의 환경들을 도구로 사용한다."[10] 그러므로 누군가가 질병과 싸운다면, 그 싸움은 영적인 차원과 육적인 차원, 즉 두 가지 차원에서 일어나고 있는 것이다. 루터는 더 나아가 다음과 같이 말했다. "하나님 또한 우리의 건강을 지키기 위한 수단들을 사용하시는데, 이는 우리의 몸을 위한 잠, 음식, 마실 것 등이 있다. 사실 하나님은 오로지 이러한 도구들을 통해서만 일하신다."[11] 따라서 사람을 다룰 때 전 영역을 다루는 것이 적절하고 필요하다. 그는 이어서 말하기를,

> 의사는 인간의 몸을 고치는 하나님의 숙련공이며, 이는 마치 우리가 신학자로서 영혼을 치유하는 치료자인 것과 같다. 우리는 사탄이 훼손시킨 것을 회복시켜야 한다. 의사는 사탄이 독을 줄 때 해독제를 처방해야 하는 것이다. 치료는 피조물에게 자연을 적용하는 것으로 이루어진다. 하나님은 만물을 창조하셨으며, 그 모든 것은 선하다. 약 또한 하나님의 창조물이기 때문에 약물의 사용은 허용이 된다. 전에 한도르프(Hohndorf)는 칼스테드(Karlstadt)로부터 약을 사용하는 것이 허용되지 않는다는 말을 듣고 나에게 질문을 했었는데, 나는 그에게 이렇게 말했다. "자네, 배고플 때 밥을 먹는가?"[12]

반면에, 루터는 어떤 문제가 영적인 것과 연관이 있다고 확신할 때는 주저함 없이 약물 치료에 의존하기보다 그 문제에 대해 영적으로 접근했다. 루터는 그의 친구 존 아그리콜라(John Agricola)에게 그의 아내에 대하여 다음과 같이 전했다. "자네도 알다시피, 그녀의 병은 몸이 아픈 것이라기보다는 마음의 문

제일세. 나는 내가 가진 모든 지식을 동원해서 그녀를 편안하게 해주려고 노력하고 있다네."[13]

루터가 한 말을 통해서 알 수 있는 것이 두 가지가 있다. 첫째, 루터에게 원인을 분별하는 것이 중요했다는 것과 둘째, 그는 문제의 원인이 영적이라는 것을 직감했지만, 결론을 내리는 데 있어서 본인만이 이에 대한 전문가라고 여기지 않았다는 것이다. 그는 기도하는 마음과 성령의 인도하심을 통한 분별력을 가지고 그때그때 문제가 영적인 경우에는 다른 그리스도인들에게, 문제가 신체와 관련된 경우에는 의사에게 자신의 전문 영역을 넘어선 부분들에 대해서 자문을 구할 줄 아는 목사였다. 루터는 아그리콜라에게 이어서 말하기를,

한 마디로, 그녀의 질병은 약재상으로 될 것이 아니요, 히포크라테스의 연고로 치유될 것도 아니라, 이는 단지 끊임없이 성경과 하나님의 말씀을 덧바름으로써 치료할 수 있다네. 양심이나 마음의 문제가 히포크라테스와 무슨 상관이겠는가? 그러니 나는 자네에게 약을 사용하는 대신 하나님의 말씀의 능력을 권하는 바이네.[14]

오늘날 물질주의적인 세계관을 가지고 모든 문제가 생물학적인 것에 기반을 둔다고 믿으며 **오로지** 향정신성 약에 의해

서만 치료가 가능하다고 믿는 이들에게 루터는 말하고 있다. 그는 또한 오늘날 영성주의적 세계관을 가지고 모든 문제가 오로지 영적인 것에 기반을 두고 있다고 믿으며 **오로지** 사랑 안에서 진리를 선포해야만 치료가 가능하다고 믿는 이들에게도 말하고 있다.

영혼과 육체의 연결성 및 성경적 상담

마이크 엠렛은 성경적 상담자이자 전직 의사이다. 그는 루터가 500년 전에 가르쳤던 것과 공통되는 현대 사상을 잘 포착하고 있는데, 그는 영혼과 육체의 연결성에 대한 성경적 가르침을 어떻게 실제 성경적 상담에 적용할 수 있을지에 대한 지혜롭고 실용적인 조언을 하고 있다.

우리는 영과 육을 가진 피조물이다. 따라서 우리는 약물 치료와 같은 물리적인 치료가 증상을 치료하거나 혹은 사람들의 삶의 상당한 부분에 관여하고 있다는 것에 놀랄 필요가 없다. 약물 치료는 개인이 겪고 있는 고통의 특성에 따라 적절하고 심지어는 치유에 꼭 필요한 부분일 수 있다.
그러나 우리는 향정신성 약물이 실제로 인간의 뇌에서 어떤 작용을 하는지에 대해 다 알고 있지 못하다는 점을 인정해야만 하며, 약물의 효과를 평가하는 데 있어서 약물을 너무 떠받들거나 무시하지 않도록 균형을 유지하는 데 신경 써야 한다.

비록 우리가 약물 치료를 포괄적인 치료 사역의 일부로 본다고 할지라도, 우리는 언제나 사람들의 삶 속에 그리스도의 구원의 풍성함을 가져올 수 있도록 노력해야 한다.

죄인 된 우리는 언제나 하나님과 이웃을 사랑하기 위한 자비와 은혜, 용서와 초자연적인 힘이 필요할 것이며, 고통받는 자들은 언제나 위로와 희망, 그리고 견뎌내려는 의지가 필요할 것이다. 궁극적으로 이러한 축복은 단순히 알약 병에서 찾을 수 있는 것이 아니라… 예수 그리스도 안에서 찾을 수 있다.[15]

■ 당신의 상담을 점검해보라

1. 영혼의 치료자로서 당신은 영혼의 문제에 너무 집중한 나머지 영혼과 육체 간의 복잡한 상호연결성에 대해서 신경 쓰지 못하고 있지는 않은가? 당신은 사람들의 삶에 영향을 미치는 물리적, 생리적인 부분들에 대해서까지 민감하게 고려하고 있는가? 당신은 내담자에게 의심되는 신체적인 문제들에 대해서 철저한 진단과 적절한 치료를 받도록 권장하고 있는가?

2. 영혼의 치료자로서 당신은 영혼과 육체의 복잡한 상호연결성에 대한 성경적 가르침(창조-타락-구원)을 잘 이해하고 적용하고 있는가?

3. 영혼의 치료자로서 당신은 내담자의 몸이 내담자의 영혼에 미치는 영향력에 대해서 이해하려고 노력하는가? 반대로 당신은 내담자의 영혼이 내담자의 몸에 미치는 영향력에 대해서 이해하려고 노력하는가?

4. 영혼의 치료자로서 루터와 같이 당신은 모든 문제가 전적으로 생물학적인 것에 있다고 보는 물질주의적인 세계관을 피하고 있는가? 또한 당신은 모든 문제를 전적으로 영적인 것에 있다고 보는 영성주의적 세계관을 피하고 있는가?

아홉 번째 실수

은혜는 최소화하면서
죄는 극대화하는
경향이 있다

우리는 방향을 설정하여 실행하는 데 있어서 모 아니면 도로 가려는 경향이 있다. 이는 고린도 사람들도 마찬가지였다. 고린도전서 5장 1-5절에서 사도 바울은 고린도 사람들을 질책하는데, 그 이유는 그들이 그리스도의 지체 중 한 명이 대놓고 짓고 있는 공적인 죄에 대해서 직면하지 않았기 때문이다. 그들은 죄를 눈감아주고, 죄의 무게를 경시하며, 성경적으로 죄를 분별하고 판단하고 직면하기를 거부했다.

후에 고린도인들은 바울의 다그침을 듣고 결국 그 지체를 마주하게 되는데, 고린도후서 2장 5-11절에 따르면(많은 주석가들은 이 구절이 고린도전서 5장 1-5절을 회상하면서 쓴 글이라고 말한다), 고린도인들이 그 지체와 대면하는 데 어려움을 겪었던 것으로 보인다.

근심하게 한 자가 있었을지라도 나를 근심하게 한 것이 아니요 어느 정도 너희 모두를 근심하게 한 것이니 어느 정도라 함은 내가 너무 지나치게 말하지 아니하려 함이라 이러한 사람은 많은 사람에게서 벌 받는 것이 마땅하도다 그런즉 너희는 차라리 그를 용서하고 위로할 것이니 그가 너무 많은 근심에 잠길까 두려워하노라 그러므로 너희를 권하노니 사랑을 그들에게 나타내라 너희가 범사에 순종하는지 그 증거를 알고자 하여 내가 이것을 너희에게 썼노라 너희가 무슨 일에든지 누구를 용서하면 나도 그리하고 내가 만일 용서한 일이 있으면 용서한 그것은 너희를 위하여 그리스도 앞에서 한 것이니 이는 우리로 사탄에게 속지 않게 하려 함이라 우리는 그 계책을 알지 못하는 바가 아니로라(고후 2:5-11).

바울은 "직면이 효과가 있었군요! 이제 교회 차원에서 징계는 충분했다고 봅니다. 그 지체가 죄를 고백했고, 회개했고, 또한 변하고 있군요."라고 말했다. 그다음 바울이 이어서 하는 말을 주목해보자. "이제 그 지체를 용서하고 위로할 차례입니다. 그 지체를 향한 여러분의 사랑을 재차 확인하십시오."

왜 그렇게 해야 하는가? 이로써 그 지체가 과도한 슬픔에 사로잡히지 않도록 하기 위함이다. 그 과도한 슬픔의 배후에는 누가 있는가? 고발하는 자, 곧 사탄은 은혜 없이 죄만을 강조하며 우리를 비난함으로써 우리를 속이는 자이다. 만약 우리가 죄 자체만 크게 보고 은혜를 보지 못한다면, 사실 우리는 사탄의 계획에 동참하는 셈이다. 하나님의 은혜로 죄를 직면할 때, 우리는 내담자의 성장에 동기부여가 될 수 있다.

현대 성경적 상담 운동(1970년대)이 시작됐을 때를 생각해보자. 이때 성경적 상담(nouthetic counseling)은 **변화에 대한 관심(concern)으로부터 나온 직면**으로 정의되었다. 우리는 내담자와 하나님 나라를 향한 관심이 있기 때문에 직면하는 것이다. 우리는 직면할 때, 내담자가 옛사람을 버리고 그리스도 안에서 새사람을 입도록 격려하는 마음으로 해야 한다.

죄를 주의 깊게 직면하는 것이 중요하지 않다고 말하는 것이 아니다. 다만, 우리도 모르게 죄 자체를 극대화하고, 우리가 입은 은혜를 최소화하는 것의 위험성에 대해서 강조하고자 한다.

죄가 많은 곳에 은혜는 더 많다

바울은 "죄가 더한 곳에 은혜가 더욱 넘쳤나니"(롬 5:20)라며 은혜에 대해 성경이 어떻게 강조하고 있는지 전한다. 나는 이를 "죄가 많은 곳에 은혜는 더 많다!"라고 해석하고자 한다.

성경적 상담자로서 당신은 죄를 더 강조하는가 혹은 은혜를 더 강조하는가? 내담자의 죄를 직면하는 데 있어서 무의식적으로 더 지은 죄가 없는지 찾아 헤매거나 우상에 대해 지적하고 죄를 극대화하지는 않는가? 아니면 의식적으로 그리스도의 지극히 풍성하고, 놀랍고, 무한한 은혜를 전하고 있는가?

교회 역사에서 청교도들은 죄와 은혜에 동시에 초점을 맞추는 데 탁월했다. 그들은 회개하지 않는 완고한 죄인을 대할 때에 **그의 양심에 죄책감을 느끼도록 했다.** 다음에 나오는 구절이 거칠게 들릴 수 있겠지만, 이는 사랑의 동기를 반영한 것이다. "형제들아 너희는 삼가 혹 너희 중에 누가 믿지 아니하는 악한 마음을 품고 살아 계신 하나님에게서 떨어질까 조심할 것이요 오직 오늘이라 일컫는 동안에 매일 피차 권면하여 너희 중에 누구든지 죄의 유혹으로 완고하게 되지 않도록 하라"(히 3:12-13).

청교도인들은 결코 죄를 멈출 수는 없었지만, 항상 은혜를 더 크게 확대해서 보았다. 그들은 회개하는 사람과, 변화할 마음이 있는 자들을 대할 때는 **은혜로 그 양심의 가책을 가볍게 하려고 노력했다.** 또한 그들은 그리스도의 사랑이 얼마나 넓고, 길고, 높고, 깊은지 이해할 수 있도록 서로를 도왔다(엡 3:18). 그뿐만 아니라, 그들은 탕자의 비유를 들어가며 회개하는 자녀에게 달려가 그를 끌어안고, 연민으로 가득 차서 그에게 입을 맞추고, 여전히 그 자녀를 "아들" 혹은 "딸"로 부르시며 축하하고, 은혜로 화목하여 다시 가족으로 받아들여 주시는 하나님 아버지를 보도록 서로 격려했다(눅 15:20-24).

청교도인들의 기준에 따르면, 우리는 단지 하나님의 진노 가운데 있는 죄인들이기만 한 것이 아니다. 더 나아가 우리는 그리스도를 통해서 용서하시는 하나님 아버지의 아들이자 딸이다.

은혜를 극대화하고 나누는 상담자가 되자

나는 부드럽게 직면하면서 성경에서의 화해라는 개념을 가르칠 때, 다음 문장을 사용한다. **"죄를 짓는 것은 끔찍하지만, 용서받는 것은 멋진 일이다!"** 이 문장은 관계적으로 화해의 과정을 묘사한다.

물론 성경적 상담자들은 반드시 죄를 직면해야만 한다. 그러나 우리가 오로지 죄의 끔찍함에 대해서만 강조한다면, 우리는 단순히 죄를 지적하고 극대화시키는 사람이다. 죄를 찾아내고, 폭로하고, 변화를 강요하고, 그리고 다른 내담자로 넘어가는 것이다. 이것은 "용서받는 것은 멋진 일이다!"라는 부분을 잘 소화해내지 못한, 통합적이지 못하고 이해심 없는 화해이다. 화해시키는 자로서 성경적 상담자들은 은혜를 극대화하고 나누는 사람이 되어야 한다.

마틴 루터는 은혜를 나누는 자로서 우리의 역할을 잘 이해하고 있었다. 그는 다음과 같이 말했다. "동료 그리스도인들의 말에는 놀라운 힘이 있다. 그리스도인 형제들과 동료들의 말은 마치 하나님이 그들을 통해서 나에게 말씀하고 계신 것처럼 듣고 믿어야 한다."[1] 성경적 상담자들은 하나님 아버지의 은혜를 성경의 진리를 통해 나누고 그 은혜를 이해할 수 있도록 서로 도와야 한다.

루터는 또한 우리가 회개하는 형제에게 어떻게 반응해야 할지도 잘 이해하고 있었다.

> 우리가 형제에게 우리의 양심을 드러내고, 그 안에 있는 악에 대해 개인적으로 이야기할 때, 우리는 그 형제의 입을 통해서 말씀하시는 하나님을 경험하게 된다. 그리고 만약 우리가 이를 믿음으로 받아들인다면, 우리는 하나님의 자비 속에서 그 형제를 통해 말씀하시는 하나님을 경험하고 평안을 발견할 것이다.[2]

성경적 상담자들은 내담자들에게 위로가 가득한 은혜의 말들을 전함으로써, 은혜로 그들의 양심을 가볍게 한다. 우리는 은혜의 하나님과 하나님의 은혜가 내담자의 영혼을 어떻게 변화시킬 수 있는지에 대한 구절들을 알아보고, 내담자와 함께 삼위일체 하나님께 묻는다.

루터에 따르면, 우리는 다른 사람들만 상담하는 게 아니라, 우리 스스로에게도 지속적으로 하나님의 은혜에 집중하면서 상담을 제공할 수 있다고 한다. 사탄이 정죄함으로 그를 속이고 압도하려고 했을 때, 루터는 사탄을 은혜로 대적했다.

누군가는 우리가 날마다 저지르는 죄가 하나님을 거스르므로 우리는 성도가 아니라고 한다. 이에 대해 나는 다음과 같이 말하고자 한다. 어머니의 사랑은 아이의 더러워진 모습보다 더 강하고, 우리를 향한 하나님의 사랑은 우리에게 붙어 있는 더러움보다 더 강하다. 따라서 우리가 죄인일지라도, 우리는 하나님과의 관계에 있어서 그 자녀됨을 잃지 않을 것이고, 우리의 죄로 인해 그분의 은혜로부터 분리되지 않을 것이다.[3]

우리는 성경적 상담자로서, 내담자들이 하나님의 은혜로 가득한 성경에 의지하게 함으로써, 사탄의 정죄하는 거짓말들을 그리스도의 의로운 진리로 대적하도록 도울 수 있다.
루터는 우리가 용서하시는 하나님 아버지를 볼 수 있는 은혜의 거울을 우리 눈앞에 들고 있다고 주장했다.

예수님으로 인해 진노하지 않으시고, 영원히 자비로우시고 사랑이 많으신 하나님 아버지가 있다는 것을 누군가 마음으로 확신할 때, 그것이 무엇인지 누가 표현할 수 있겠는가? 지극히 높으시고 전능하신 주님께서 우리에게 이렇게까지 하시는 것은 참으로 놀랍고도 이해할 수 없는 자유이다. 하나님의 진노로부터 영원히 해방 되었다는 것은 측량할 수 없는 자유다.[4]

루터가 말하고자 하는 바는 결국 우리 성경적 상담자들의 신조와도 같다. **죄가 많은 곳에 은혜는 더 많다!**

우리는 루터와 같은 성경적 상담자들이 되기 원한다. 물론 우리는 죄를 드러내기도 하지만, 은혜를 더욱 많이 드러낸다. 우리는 사탄이 행위나 규칙, 비난에 초점을 두고 내담자들을 괴롭히고 있다는 것을 그들이 인식하도록 도울 수 있다. 더 나아가 우리는 내담자들이 그러한 모든 거짓말을 떨쳐내고, 그리스도의 자비, 용서, 의로움에 귀 기울일 수 있도록 도와야 한다.

■ 당신의 상담을 점검해보라

1. 성경적 상담자로서 당신은 죄와 은혜 중 어떤 것을 더 강조하는가? 당신은 죄를 직면하는 중에 종종 당신도 모르게 죄를 찾아내고, 우상에 대해 지적하고, 죄를 극대화하고 있지는 않는가? 혹은 당신은 죄를 직면하면서 의식적으로 그리스도의 지극히 풍성하고, 놀랍고, 무한한 은혜를 전하고 있는가?

2. 성경적 상담자로서 당신은 로마서 5장 20절에서의 사도 바울과 같이 죄가 많은 곳에 은혜는 더 많다는 것을 서로에게 상기시키는가?

3. 성경적 상담자로서 당신은 청교도인들과 같이 양심에 죄책감을 느끼게도 하고, 은혜로 양심을 가볍게 하기도 하는가? 당신은 루터처럼 그리스도의 복음의 은혜를 나누는 자인가?

4. 성경적 상담자로서 당신은 "죄를 짓는 것은 끔찍하지만, 용서받는 것은 멋진 일이다!"라는 것을 알리는 화해시키는 자로서의 역할을 하고 있는가?

열 번째 실수

성경 말씀의 능력을 상담자의 유능함으로 혼동한다

이 장의 제목은 **능력**이나 **유능함**이라는 단어를 포함으로써 10가지 실수 중에 가장 기술적인 측면에 대해서 이야기하는 것처럼 보일 수 있다. 사실상 이 주제는 가장 실용적인 주제 중 하나일 것이다.

나는 최근에 이제 막 성경적 상담으로 석사과정을 밟기 시작한 짐(Jim)이라는 청년의 연락을 받았다. 짐은 어떤 한 남성이 그에게 찾아와 여러 목소리가 들린다고 호소했다고 하며 다음과 같이 말했다.

> 밥(Bob), 저는 성경 말씀이 모든 영혼의 문제를 충분히 해결할 수 있다고 믿고, 따라서 모든 그리스도인이 유능한 성경적 상담자가 될 수 있다는 사실이 참 기쁩니다. 그러나 제가 고민이 되는 부분은, 성경 말씀이 **모든 문제를 해결하는 것**이 가능하므로, 저 또한 내담자가 **어떤 문제를 가졌든지 간에** 제가 모든

문제를 해결할 수 있다는 믿음을 가져야 하는가에 대한 것입니다. 사실 경우에 따라서는 제가 어떤 상담 건에 대해서 준비가 되어 있는가에 대해 의심이 들기도 하는데, 그런 자신 없는 저의 모습을 보면 죄책감이 듭니다. 하지만 저는 그저 초보 상담사이고, 많은 경우 제 능력 밖이라고 느껴집니다.

상담을 한 번이라도 해본 적이 있는 사람이라면, 아마 누구나 한 번쯤은 짐처럼 느낀 적이 있을 것이다. 성경 말씀의 능력에는 의심의 여지가 없지만, 상담자로서 자신이 충분히 유능한가에 대한 걱정 말이다. 더 나아가 이러한 고민이 지혜에 기인한 고민인지 아니면 두려움에 기인한 고민인지 분간하기도 어렵다. 따라서 성경적 상담자들은 성경 말씀의 능력과 상담자의 유능함 사이의 관계에 대해서 분명하게 알아야 할 필요가 있다.

성경 말씀의 충분성

이 문제를 실질적으로 다루기 위해서 우리는 성경 말씀의 능력이라는 측면에서 성경적 상담 운동의 의미를 제대로 이해하는 것이 중요하다. 우리는 6장에서 성경적상담연합회의 "고백 성명"에 대해서 이야기한 적이 있다. 12개의 성명 중 첫 번째 성명은 "성경적 상담은 반드시 성경에 근거해야 한다."라는 표제 아래 성경 말씀의 능력에 대해 강조하고 있다. 다음은 성경 말씀의 충분성(sufficiency)에 대해 고백 성명을 간결하게 요약한 것이다.

우리는 하나님의 말씀이 권위가 있고, 충분하며, 적절하다고 믿는다(사 55:11; 마 4:4; 히 4:12-13). 하나님의 영감을 받은, 결점이 없는 성경 말씀은, 바르게 해석되고 주의 깊게 적용되었을 때, 우리에게 하나님의 포괄적인 지혜를 제공한다. 우리는 성경 말씀을 통해서 하나님이 어떤 분이신지, 우리가 누구인지 뿐만 아니라 우리가 마주하는 문제들, 또는 사람들이 어떻게 변화하는지, 그리고 복음 안에서 그 변화를 위해 하나님이 공급하시는 것들에 대해서 이해하게 된다(요 8:31-32; 10:10; 17:17). 성경 말씀 외에 세상의 어떤 다른 지식도 사람의 마음을 변화시키는 방식으로 상담할 수 있도록 우리를 준비시키지 못한다(시 19:7-14; 딤후 3:16-17; 벧후 1:3). 다른 상담 방식들은 다른 목표들을 가지고 변화에 대한 다른 역학(dynamic)을 가정하지만, 하나님의 말씀으로 주어진 지혜는 독특하고 강력하다. 하나님은 모든 상황에 있어서 모든 사람의 죄와 고통을 포괄적으로 다루신다.

지혜로운 상담이란 모든 것을 포용하시는 하나님의 진리를 복잡한 우리 삶에 통찰력 있게 적용하는 것이다(롬 15:4; 고전 10:6; 빌 1:9-11). 지혜로운 상담은 단지 어떤 현상에 대해 증거가 되는 성경 구절들을 모으는 것이 아니라, 성경과 사람, 여러 상황을 이해하기 위해 지속적으로 실용적이고 실천적인 노력을 요하는 것이다(딤후 2:15). 이에 대해 우리는 계속해서 우리의 인격과 상황에 따른 사람에 대한 이해, 그리고 목회 기술을 발전시켜야 한다(롬 15:14; 골 1:28-29).

우리가 성경이 지혜에 있어서 포괄적이라고 말할 때, 이것의 의미가 성경이 모든 것을 이해한다는 의미이지, 성경이 모든 주제에 대해 모든 정보를 가지고 있다는 의미가 아니다. 하나님의 일반 은혜는 인간의 삶에 많은 좋은 것들을 가져다주지만, 이 일반 은혜 자체가 우리를 죄로 물든 고난이나 힘들게 하는 문제들로부터 구원할 수는 없다. 일반 은혜는 인간의 삶을 힘들게 하는 것들로부터 인간을 거룩하게 하거나 치유할 수 없다. 우리는 다양한 방법들(예를 들어 과학적 연구, 인간 행동에 대한 조직적 관찰, 상담 사례들, 우리 삶의 경험들에 대한 회고, 문학, 영화 그리고 역사 등)을 통해 인간에 대한 지식을 얻을 수 있고, 많은 경우 이러한 정보들이 어느 정도 인생의 고통을 이해하는 데 도움이 되고 위안을 줄 수 있다는 것을 안다. 그러나 그 어떤 것도 상담 원칙이나 상담 실전에 있어서 포괄적인 시스템을 구성할 수 없다. 어떤 상담 원칙이나 상담 실전 시스템이 인간의 상태에 대한 치료법을 제공할 수 있다고 주장하는 순간, 그것들은 그리스도와 경쟁하게 되는 것이다(골 2:1-15). 성경 말씀만이 우리가 어떤 출처에서 온 정보나 행동이든지 간에 그것을 성경적으로 혹은 비판적으로 평가하는 데 있어서 삶에 대한 적절한 관점을 제시할 수 있다(골 2:2-10; 딤후 3:16-17).[1]

따라서 "성경 말씀의 충분성"이란 성경적 상담자들에게 있어서 하나님의 말씀이 완벽하지 않은 세상 속에서의 우리의 삶에 대해 포괄적인 지혜를 제공한다는 의미이다. 물론 다른 여러 방법 또한 우리가 삶을 이해하는데 있어서 기여할 수 있는 부분들이 있지만, 오직 성경 말씀만이 우리가 삶의 진리의 다른 잠재적인 요소들을 비판적으로 평가할 수 있도록 하는 포괄적인 관점을 제공할 수 있다.

유능한 성경적 상담자로 성장한다는 것

로마서 15장 14절에서 바울은 그리스도인들이 서로 위로하고, 격려하고, 직면하고, 또한 서로 제자 삼을 수 있는 능력이 있다는 것에 대해서 확신한다고 말한다. 이때 바울이 사용한 **확신**이라는 단어의 의미는 "외적인 증거를 기반으로 세워진 내적인 확신"이다.[2] 상담을 제공할 정도로 유능한 그리스도인은 로마서 15장 14절에 기인한 다음 "4C"의 특성을 가지고 있다—성품(Character), 지식(Content), 역량(Competence), 공동체(Community).

- **그리스도를 닮은 성품**: 우리는 선함(goodness) 가운데 성장한다—"선함이 가득하고"
- **삶에 적용된 성경적 지식**: 우리는 성경적 지혜를 키워간다—"모든 지식이 차서"
- **상담할 수 있는 역량**: 우리는 삶의 진리와 우리의 삶을 연관 지을 수 있는 능력을 키워간다—"능히 권하고"
- **그리스도인 공동체**: 우리는 공동체 안에서 관계적으로 연결됨으로 인해 성장한다—"내 형제들아", "서로"

로마서 15장 14절은 현대 성경적 상담 운동의 기반이 되는 성경 구절이다. 또한 이 구절은 우리가 잘 성장하고 있는지 역량을 평가할 때 사용될 수도 있다. 현대 성경적 상담 운동의 중요한 특징은 항상 우리를 **지속적으로 준비시킨다**는 것에 있다. 준비시킨다는 것의 의미는 아래와 같다.

- 그리스도와 같은 성품으로 거듭나기 위한 지속적인 자기 조언(self-counsel)과 상호 공동 사역(one-another mutual ministry)

- 성경적 지식을 확장하기 위한 지속적인 읽기, 훈련 및 교육
- 상담 역량을 기르기 위한 지속적인 상담 경험(슈퍼비전과 함께)
- 공동체 안에서 성장하기 위해 그리스도의 지체들과 끊임없이 교제하는 것

다음은 우리가 앞서 "고백 성명"에서 읽은 바와 같다.

지혜로운 상담은 성경과 사람, 여러 상황을 이해하기 위해 **지속적으로** 실용적이고 실천적인 노력을 요하는 것이다(딤후 2:15). 이에 대해 우리는 **계속해서** 우리의 인격과 상황에 따른 사람에 대한 이해, 그리고 목회 기술을 **발전시켜야** 한다(롬 15:14; 골 1:28-29).

사실, 어떤 그리스도인도 자신의 혼자 힘만으로는 상담하기에 유능한 사람은 없다. 우리의 유능함은 그리스도께 의지할 때 나오는 것이다. 사도 바울은 수년간의 교육과 사역을 경험한 후에 다음과 같이 말했다. "우리가 무슨 일이든지 우리에게서 난 것 같이 스스로 만족할 것이 아니니 우리의 만족은 오직 하나님으로부터 나느니라 그가 또한 우리를 새 언약의 일꾼되기에 만족하게 하셨으니 율법 조문으로 하지 아니하고 오직 영으로 함이니 율법 조문은 죽이는 것이요 영은 살리는 것이

니라"(고후 3:5-6). 우리는 우리 자신의 힘과 지식만으로 상담하기에 충분하지 않다.

또한 우리는 많은 지체로 이루어진 한 몸으로서(고전 12:12-31), 독립적으로 상담하지 않아야 한다. 몸의 어떤 부분도 다른 부분에게 "너는 쓸모 없어!"라고 하지 않는다(고전 12:21). 성경 말씀은 충분하지만 우리는 충분하지 않다.

따라서 그리스도인들은 그리스도의 몸을 이루는 지체들로서 그리스도께 겸손하게 의지하고, 몸 된 지체들과 함께 협력하여 사역하고 상담하는 것을 통해 점점 더 유능해질 수 있다.

우리의 역량을 평가하는 두 가지 방법

다시 짐의 이야기로 돌아가 보자. 그가 고백했던 것처럼, 그는 초보 상담자이고, 만약 그가 이번 장을 읽는다면 아마 다음과 같이 반응할 것이다. "그래요, 저는 초보 상담자이기도 하고, 아직은 이 내담자에게 해줄 수 있는 조언도 딱히 없습니다. 그래도 저는 하나님의 말씀이 충분히 신뢰할 만하다고 믿습니다. 저는 어떻게 해야 할까요, 밥?"

짐은 그의 내담자를 돌보는 데 있어서 자신의 능력을 점검하기 위해 몇 가지 자체 평가 질문들을 고려해볼 수 있다. 이러한 질문들을 통해서 짐은 그가 그의 내담자를 돕는 데 있어서 어느 정도 준비가 되어있는지, 혹은 그가 추가로 다른 전문가들의 도움을 받아야 할 부분이 무엇인지 알 수 있도록 도와줄 것이다. 다음은 두 가지 주요한 자체 역량 평가 문항이다.

역량 평가 질문 1.
로마서 15장 14절에 나오는 4C(성품, 지식, 역량, 공동체)에
비춰보았을 때, 나의 전반적인 성장 및 성숙도는 어느 정도인가?

우리는 다른 사람들을 상담하기 전에, 우리 스스로 지속적인 자기 조언을 해야 하고, 다른 이들에게 이에 대한 피드백을 받아야 한다. 만약 우리가 스스로 개인적인 제자도와 성품 개발을 적극적으로 하지 못한다면, 다른 사람들에게 그들의 영적인 성장을 위해 다음 단계로 넘어가도록 격려하거나 함께하는 것이 부적절할 수 있다. 다음의 질문들을 고려해보라.

- 그리스도와 같은 성품을 갖는 것, 성경 지식을 쌓아가는 것, 상담 역량을 기르는 것, 그리고 그리스도인 공동체를 이루는 것에 있어서
  – 나는 얼마나 성장하고 있는가?
  – 나는 성장하기 위해 어떤 준비와 훈련을 받고 있는가?
  – 나의 점진적 성화의 여정에 관해 어떤 피드백을 받는가?

- 나의 그리스도인으로서 삶의 단계에 있어서, 내가 지금 비공식적인 사역이나 공식적인 성경적 상담을 **제공하는 것**보다 공식적인 상담을 **받는 게** 나을 수 있는가?

역량 평가 질문 2.
특정한 주제에 대해 다루도록 요청을 받은 상황에서,
4C(성품, 지식, 역량, 공동체)와 관련하여 나는 얼마나 준비되어 있는가?

우리는 어쩌면 개인적인 제자도와 성장이라는 측면에서 건강한 상태일 수 있고, 다양한 상담 요구에도 준비가 되었을지도 모른다. 그럼에도 우리는 우리가 겪은 특정한 고난이나 개인적 경험과 훈련에 대해서 그 수준을 항상 점검해 보는 것이 필요하다. 내담자가 갖고 있는 여러 어려움에 대해 우리가 잘 대응할 수 있는지 점검하기 위해 다음 질문들을 고려해보라.

- **성품 점검**: 분노 문제에 대해 도움 요청을 받았다. 이 문제를 통해 나는 그리스도와 같은 성숙함과 점진적인 성화의 과정을 어느 정도까지 증거할 수 있는가?
- **지식 점검**: 자해 문제에 대해 도움 요청을 받았다. 이 문제에 대해 나는 관련 성경 지식이나 공식적인 훈련, 또는 개인적으로 이 주제를 연구/탐색해본 경험이 있는가?

- **역량 점검**: 과거 성적 학대를 받았던 사람의 상담을 맡아 달라는 요청을 받았다. 나는 이 민감한 주제와 관련해서 슈퍼비전을 받으면서 상담을 진행해본 경험이 있는가?
- **공동체 점검**: 여러 목소리 및 환청을 듣는다는 사람의 상담을 맡아 달라는 요청을 받았다. 우리 교회 안에서나 주변 교회 공동체 중에 내가 이 문제를 다루기에 가장 적합한 사람인가? 혹은 나보다 더 잘 다룰 수 있는 다른 사람이 있다면, 나는 도와주는 역할을 할 수 있지는 않은가? 만약 내가 그 사람을 상담하기에 가장 적합한 사람이라면, 나는 더 나은 사역을 위해 어떤 추가적인 도움이 필요한가?

유능한 도움을 제공하기 위한 다섯 가지 지침

이번 소제목을 한번 다시 자세히 읽어보라. **유능한 도움을 제공하기 위한 다섯 가지 지침**. 그리스도로 인해 한 몸으로 연합된 지체들과 성경 말씀의 충분성은 영적인 문제들에 대해 유용한 도움을 줄 수 있다. 다만, 한 개인이 혼자서 모든 문제에 대한 모든 도움을 줄 수는 없는 것이다.

지금까지 우리는 초보 상담자 짐(Jim)에 대해서 이야기를 나누었다. 그렇다면 상담 경험이 많은 내 경우에 대해서도 이야기해보자. 지난 40년간 상담을 해왔고, 거의 30년 가까이 다른 상담자들을 교육해왔지만, 나는 내가 모든 사람의 모든 문제에 대해 유능하게 상담할 수 있다고 보지 않는다. 예를 들어, 나는 자신의 손목을 긋거나 자해하는 사람들에 대한 상담 경험이 많지 않고, 이에 관한 특별한 교육을 들은 적도 없다. 그렇다면, 만약 누군가가 이러한 문제를 가진 사람을 나에게 데리고 와서 도움을 요청한다면 나는 어떻게 해야 할까? 당신이라면 어떻게 하겠는가? 만약 우리가 스스로 진단했을 때, 4C 자격요건이 충분하지 않다면, 그다음에 우리는 어떻게 해야 할까?

첫 번째 지침: 그리스도의 몸을 이루는 지체들과 끊임없이 함께하는 팀 접근방식을 구성하라

나는 나에게 맡겨진 상담 주제에 대해서 충분한 훈련과 경험이 있다고 할지라도, 항상 팀 접근방식을 고수한다. 어떤 한 그리스도인이 나에게 성경적 상담을 받기 위해 찾아온다면, 그 내담자는 교회에 출석하고 있어야 하며, 말씀 읽기와 기도, 남성 혹은 여성 소모임, 성경 공부와 같은 소그룹에 참여하고 있어야 한다. 또한, 그 예비 내담자는 최근에 받은 건강검진 기록도 가지고 있어야 한다. 경우에 따라서 교회 내에 내담자가 어려워하고 있는 주제에 대해 도움을 제공하고 있는 회복

프로그램이나 모임이 있다면, 내담자는 그런 모임에도 참여할 수 있어야 한다. 또한 관련 좋은 기독교 서적들을 읽는 것도 좋다. 이상적으로는, 내담자를 지지하는 차원에서 가족 구성원이나 친구가 내담자와 함께 상담에 참여할 수 있다면 더 좋을 것이다.

상담은 더 넓은 차원의 격려를 제공하는 교회 내의 제자도 사역의 일부분이다. 상담은 한 주의 167시간을 잊어버리게 하는 "마법 치료 시간"이 아니다. 우리는 언제나 우리가 답이 아니라, 그리스도가 답이시며, 은혜 안에서 성장하는 것은 교회 공동체와 함께하는 여정이라는 것을 전달해야 한다.

두 번째 지침: 그리스도의 몸 된 지체로서 서로에게 필요한 자원이 무엇인지 기도하며 살피라

로마서 15장 14절의 문맥은 어느 교회도 자율적으로 혼자 능숙하게 모든 문제를 해결할 수는 없다고 말하고 있으며, 로마서 16장에서는 사도 바울이 로마에 있는 여러 가정 교회들을 언급하는 것을 볼 수 있다. 비슷한 맥락에서 바울은 디모데를 그레데(Crete)에 남김으로써 각 성에 장로들을 세우고자 했다(딛 1:5). 신약성경은 같은 지역에 있는 교회들끼리 서로 의존하는 것을 당연하게 여기고 있다.

따라서 한 교회가 다른 교회에 있는 전문 인력을 데려다 활용하는 것은 모두가 그리스도의 지체라는 의미에서 전혀 문제될 것이 없다. 성경적 상담자들은 (교회 내에 다른 지도자들과 함께) 지역적으로 가깝고 생각이 비슷한 교회들끼리 도움이 필요한 사람들을 돕는데 있어서 서로 격려하고, 교육하고, 협력하는 관계를 추구해야 한다.

세 번째 지침: 교회 밖에 있는 자원들이 필요한 것은 아닌지 기도하며 구하라

많은 경우 상담 주제는 복잡해질 수 있으며, 다른 여러 부분과 연관되어 있는 경우가 많아서 교회 외적 자원들이 필요할 수 있다. 우리는 6장과 8장에서 보조 자원들의 필요성에 대해서 함께 살펴보았다. 다음은 성경적상담연합의 "고백 성명"의 내용이다.

우리는 육체와 영혼 간의 복잡한 관계를 인지하며(창 2:7), 이로 인해 우리는 내담자들의 삶에 영향을 미치는 육체적 요인과 유기적 문제들에 민감해야 한다. 우리는 내담자들을 포괄적으로 돕고자 하는 데 있어서 그들의 강점과 약점이 공존하는 삶에 하나님의 말씀을 적용해야 한다. 우리는 의심되는 육체적인 문제들에 대해서 **세심한 평가와 적절한 치료를 받도록 내담자들을 격려**해야 한다.

우리는 내담자들과 그들의 사회적인 환경 사이의 복잡성을 인지하며, 따라서 우리는 이로 인해 발생할 수 있는 어려움과 사회-문화적인 요소들의 영향력에 대해 민감해야 한다(벧전 3:8-22). 우리는 내담자들을 포괄적으로 돕고자 하는 데 있어서 그들의 긍정적 혹은 부정적인 사회적 경험들에 대해 하나님의 말씀을 적용해야 한다. 우리는 내담자들에게 교육이나 직장, 재정적인 문제 혹은 법적인 문제, 혹은 범죄(피해자이거나 가해자이거나) 등에 대한 문제가 있다면, **그들이 적합하고 실질적인 도움을 받을 수 있도록 격려**해야 한다.

내담자(혹은 상담자)에게 교육 자원이나 재정 서비스, 법적인 지원에 관한 적절한 도움을 받도록 격려하라는 부분을 주목하라. 이러한 도움들은 교회 밖에서 지원을 받아야 할 수 있다.

네 번째 지침: 내담자와 솔직한 대화를 나누고 다음 단계를 결정하라 (다른 상담자 소개해주기, 다른 상담자와 팀 구성하기)

만약 내담자의 필요가 상담자인 당신의 역량 밖이라고 감지된다면, 당신의 이러한 평가에 대해서 내담자와 솔직하게 이야기하고, 다음 단계를 함께 의논할 수 있다.

예를 들어, "당신이 겪는 이 문제는 매우 중요하고, 저는 당신을 가능한 최선을 다해 돕고 싶어요. 하지만 아쉽게도, 제가 수년간 상담을 해오기는 했지만, 아직 이 분야의 어려움에 대해서는 다루어 본 적이 없습니다. 대신 여기서 운전해서 갈 수 있는 거리에 이 분야에 경험이 많은 성경적 상담자 한 명을 알고 있어요. 그는 이 분야에 관한 책을 하나 써냈을 정도랍니다. 앞으로 제가 당신의 상담을 맡는 것이 좋을지, 그 상담자가 맡는 게 더 나을지 함께 이야기해보도록 하죠. 만약 그가 주 상담자가 된다면, 제가 옆에서 보조하는 식으로도 상담 진행이 가능합니다."

이상적으로는 당신은 여전히 상담 중에 내담자의 지지자로 혹은 수련 중인 상담자로 혹은 공동 상담자로 참여할 수 있을 것이다. 그러나 그렇지 않을 경우라도, 내담자가 정보 공유에 동의한다면, 그 다른 성경적 상담자로부터 내담자에 대한 정보를 계속 얻을 수 있다. 그러면 당신과 내담자는 여전히 비공식적으로 만나서 서로 교제하고, 격려하며 보조적인 도움을 줄 수 있다.

다섯 번째 지침: 주 상담자가 되기로 했다면, 더 준비하고 슈퍼비전을 받으라

당신과 당신의 내담자가 당신의 역량에 대해 솔직하게 대화를 나눈 후에도, 결국 함께 상담을 진행하게 될 수 있다. 항상 그렇듯이, 팀으로 접근하는 방식이 가장 건강한 방법이지만, 이제 당신은 당신의 내담자를 위해서 더 많은 지지와 실제로 내담자를 도울 수 있는 자질을 갖추는 노력, 그리고 슈퍼비전을 받을 준비를 해야 한다. 다음의 예시를 함께 살펴보자.

- 당신이 상담을 진행함에 따라 당신의 사례 기록을 읽고, 녹음된 상담 회기 내용을 들으며, 지속적인 멘토링을 제공하는 숙련된 성경적 상담자의 지도를 받을 수 있다.
- 내담자가 가진 문제에 대해 성경에서는 어떻게 가르치고 있는지나 혹은 여러 다른 성경적 상담 책들을 참고할 수 있으며, 또한 관련된 연구 내용을 더 찾아보는 등 광범위하게 그 주제에 대해 공부해 볼 수 있다.
- 특화된 세미나나 추가적인 수련을 받기 위해 관련 컨퍼런스에 참석할 수 있다.
- 내담자와 함께 배워 나갈 수 있다. 나는 상담 사역 초반에, 한 남성으로부터 과거 성적 학대를 당한 경험을 다루는 것을 도와 달라고 요청받은 적이 있다. 당시에 나는 석사 학위

소지자였고 성적 학대 관련 상담에 대한 전문 과정을 이수했지만, 그때까지 나는 한 번도 성적으로 학대를 받은 사람을 상담해본 적이 없었다. 그러나 그 남성은 여전히 내가 그를 상담하길 원했고, 그래서 나는 그에게 그의 마음과 그의 상처, 그와 하나님과 함께 걸어온 여정에 대해서 내가 이해하고 도와줄 수 있도록 가르쳐 달라고 했다.

결국 겸손이 답이다

결국 겸손해야 한다. 우리는 자신의 힘만으로 결코 유능할 수 없으며, 우리에게서 나오는 모든 유능함은 사실 그리스도에게서 오는 것이다. 이것을 인정하고, 더 나아가 우리가 실력 있는 상담을 하기 위해 성품, 지식, 역량, 공동체(4C)에 있어서 지속적인 성장을 해나가야 한다. 또한 가장 뛰어난 성경적 상담자라고 할지라도, 그리스도의 몸을 이루는 다른 지체들의 자원에 의존할 줄도 알아야 한다. 이렇게 균형 잡힌, 그리스도를 의지하는 방식은 우리의 사역이 모든 지혜와 지식의 참된 근원이 되시는 예수님께로 계속해서 초점을 맞출 수 있도록 할 것이다.

■ **당신의 상담을 점검해보라**

1. 성경적 상담자로서 당신은 성경이 모든 영적인 문제에 대해서 충분한 반면에, 어떤 상담자도 모든 영적인 문제에 대해서 유능할 수 없다는 것을 이해하는가?

2. 성경적 상담자로서 당신은 그리스도와 같은 성품, 성경적 지식, 상담 역량, 그리고 그리스도인 공동체에 대해 얼마나 전념하고 있는가?

3. 성경적 상담자로서 당신은 그리스도와 그리스도의 몸 된 지체들에 대한 필요성을 겸손하게 인정하고, 지체들과 함께하는 포괄적인 접근방식을 고수하는가?

4. 성경적 상담자로서 당신은 겸손하게 당신의 내담자에게 좀 더 경험이 많은 다른 상담자를 추천할 의향이 있는가? 혹은 당신은 내담자를 돕기 위한 추가적인 노력을 하거나 슈퍼비전을 받을 의지가 있는가?

결론

성경적 상담 진단하기

우리가 개인적으로 우리의 입을 통해서 말씀을 전하는 사역을, 서로 비슷하지만 다른 단어인 **조언**(counsel)과 **상담**(counseling)으로 표현해볼 수 있다. 이 책에서는 우리가 상담자로서 내담자에게 제공할 수 있는 지침이나 정보에 관한 조언은 많이 다루지 않았다. 조언하는 것 또한 물론 중요하지만, 사실 이에 관해서는 삶의 다양한 문제를 다루면서 성경적 진리를 설명하는 다른 책들이 시중에 많이 나와 있기 때문이다.

따라서 나는 이 책에서는 좀 더 상담 부분에 초점을 두었고, 주로 상담 과정, 상담자와 내담자의 관계, 그리고 상담 기술 이면에 내재한 상담자의 마음가짐에 대한 것들을 기술했다. 그간 내가 해온 슈퍼비전을 되돌아보면, 나의 관심은 항상 상담 과정에 대한 상담자의 생각에 좀 더 초점이 맞춰져 왔는데, 실제로 이것이 달라질 때 모든 것이 변하기 때문이다. 나는 슈퍼비전을 받는 상담자들이 무언가 깨달은 듯한 표정을 지으며 다음과 같이 말하는 것을 보는 것이 참 좋다. "아, 그러니까 감정이라는 것이 꼭 나쁜 것만은 아니네요! 그렇다면 내담자와 함께 이야기해보고 다뤄볼 수 있겠어요!"

나는 또한 상담자들이 상담에 대한 마음가짐이 바뀌어 자유함을 느끼는 것을 보는 것이 참 좋다. 최근에 나는 성경적 상담 수련 연구실에서 일주일 정도 시간을 보낼 일이 있었는데, 그곳에서의 시간이 다 끝나갈 즈음, 30년이 넘는 목회 사역을 해온 어느 한 성숙한 상담자 한 분이 눈물을 흘리며 다음과 같이 말했다. "제가 상담자로서 늘 하고 싶었던 일에 대해 이제야 허락을 받은 기분입니다. 고통받는 사람들의 감정을 깊게 공감함으로 그들과 연결되는 것 말입니다. 저는 이제까지 상담자는 내담자와 거리를 유지해야 하고, 어느 정도 냉담함도 보여야 하며, 감정에 대해서가 아닌 행동에 대해서 다루어야 하고, 특히 죄의 문제를 지적하며 내담자가 고통을 이겨낼 수 있도록 도와야 한다고 잘못 생각해왔습니다. 그렇지만 이제 저의 **상담**(counseling)이 훨씬 더 생기 있고 더 실제적으로 느껴지고, 데살로니가전서 2장 8절에서 사도 바울이 하나님의 복음뿐 아니라 자신의 목숨까지도 주기를 기뻐한다고 했던 것이 이해가 될 정도입니다!"

당신이 이 책을 읽으면서 상담에 대한 당신의 마음가짐이 달라지기를 기도한다. 성경적 상담에 대한 낡은 오해들을 버리고, 새로 배워 나가보자.

나는 진심으로 우리의 마음가짐을 바꿈으로써 실제 상담의 모습을 바꿀 수 있다고 강하게 믿기 때문에, 이 책에 실제로 어떻게 적용할 수 있을지에 대한 방법들을 기술했다. 그러나 이 책은 방법에 관해서만 이야기하는 책은 아니다.[1] 당신이 책을 읽어가며 내가 잡은 물고기를 "받아 가는 것"이 아닌 물고기를 "잡는 법"을 배우고 자신의 것으로 만드는 시간을 가졌기를 바란다.

성경적 상담자들이 하기 쉬운 실수 10가지에 대한 각 장의 마지막 부분에는 실용적으로 사용할 수 있는 '당신의 상담을 점검해보라'라는 소제목의 자기 점검 질문들이 있다. 이렇게 글로 쓰는 슈퍼비전을 마치면서, 각 장에 있던 질문들을 다시 모아 40개의 질문을 '성경적 상담자 자기 평가 도구'로서 정리해 두었다. 성경적 상담자로서 우리는 "자기 상담"(self-counsel)

이나 "점진적인 성화과정"(progressive sanctification)에 대해서 이야기하는 것을 좋아한다. 따라서 우리는 아래 정리된 질문들을 활용하여 스스로 슈퍼비전을 제공함으로써 더 나은 성경적 상담자로 성장하는 데 도움이 될 수 있을 것이다.

성경적 상담자 자기 평가 도구

첫 번째 실수: 종종 영적인 소통보다 정보수집에 너무 몰두한다

1. 성경적 상담 후에 내담자들의 반응이 어떠할지 생각해보라.
   - "상담이 진행되는 내내 제 이야기를 정말 듣고 계시고, 진심으로 마음을 쓰고 계신다고 느꼈습니다. 정말 이해받는 기분이었어요."
   - "상담받는 동안 저는 제가 마치 실험의 연구대상이 된 기분이었어요. 심문당하고 분석 당하는 느낌이었죠."
2. 성경적 상담 회기 후에 내담자들이 상담자에 대해서 다음과 같이 느낄지 생각해보라.
   - "우리 상담 선생님은 자상한 어머니처럼 나를 사랑해 주시는 게 느껴져요." 또는 "우리 상담 선생님은 저를 격려해주시고 위로해주시는 아버지처럼 사랑해 주세요."
3. 내담자가 상담자에 대해 다음과 같이 이야기할지 진단해 보라.

- "우리 상담 선생님은 성경 말씀뿐만 아니라 영적인 소통을 해요. 친밀감 있으면서도 심도 있는 상담을 하시죠. 마치 가족이 되거나 어떤 공동체에 속한 느낌이에요."
4. 성경적 상담을 하는 회기 동안, 그리스도 안에 있는 귀한 형제자매 중 한 명인 내담자에게 얼마나 풍부하고 진심 어린 공감을 하고 있는가?

**두 번째 실수: 내담자의 이야기를 다 듣기도 전에
성경 구절을 들이민다**

5. 성경적 상담을 진행할 때, 내담자의 이야기를 듣고 바로 말하기 바쁘고, 설교를 하는 식의 미성숙한 상담을 하고 있지는 않은지, 혹은 인내심을 가지고 계속해서 내담자의 이야기를 들으며 내담자를 진정으로 이해하는 시간을 가지는지 생각해보라.
6. 성경적 상담자로서 우리의 소명이 내담자와 함께 걷는 여정이며, 이를 통해 내담자가 어떻게 그리스도의 구속사가 자신의 고통스러운 이야기와 교차하는지 깨닫도록 돕고 있는지 점검해보라.
7. 성경적 상담자로서 우리가 성령님과 같이 먼저 내담자와 함께 탄식하고 인도하고 있는지 점검해보라.
8. 성경적 상담자로서 우리가 예수님과 같이 내담자를 이해하고, 각 내담자의 고유한 상황에 맞게 말씀을 탐구하고 적용

하고 있는지 점검해보라.

세 번째 실수: 내담자와 함께 성경을 탐구하기보다
성경에 대해 일방적으로 이야기한다

9. 당신의 성경적 상담은 지시적인(상담자가 전문가로서 주로 말하는) 편인가, 혹은 비지시적인(내담자가 자신의 삶에 대한 전문가인) 편인가, 혹은 같이 협력하는(내담자와 상담자 모두가 하나님의 말씀에 의해 인도받는) 편인가?

10. 성경적 상담자로서 당신은 다음 중 어느 쪽에 해당하는가?

    a. 내담자에게 성경을 가르치거나 전달함 → 내담자에게 물고기를 쥐어주는 것 → 내담자를 상담자의 제자로 만듦

    b. 내담자와 함께 성경을 탐구함 → 내담자에게 물고기 잡는 법을 가르치는 것 → 내담자를 그리스도의 제자로 만듦

11. 성경적 상담자로서 당신은 독백(monologue)하는 상담을 하는가, 내담자와 대화(dialogue)하는 상담을 하는가, 혹은 상담자, 내담자, 그리고 하나님의 영과 말씀을 통해 하나님과 함께하는 3자 회담(trialogues)식의 상담을 하는가? 내담자와 하나님의 말씀을 함께 듣고, 어떻게 삶에 적용할지에 대해 협력하여 분별하고 있는가?

12. 성경적 상담자로서 사무엘하 13장의 예시는 당신의 상담 회기와 상담 과정, 상담자-내담자 간의 관계, 그리고 내담자의 삶에 어떻게 영향을 미칠 수 있는가?

네 번째 실수: 내담자의 죄 자체에 집중한 나머지 그 고통은 등한시한다

13. 당신의 성경적 상담이, 저지른 죄에 대해서만 다루고 악으로 인한 고통에 대해서는 다루지 않음으로써 부족한 점이 있지는 않은지 점검해보라.
14. 성경적 상담자로서, 종종 일차원적인 시각으로 죄의 심각성은 다루지만, 고통의 무게에 대해서는 다루지 않고 있지는 않은지 점검해보라.
15. 당신이 고통을 직면하고 있는 이들을 위로하고, 용기를 북돋고, 돌보는 파라칼레틱(parakaletic)한 성경적 상담자인지 점검해보라.
16. 성경적 상담자로서 당신은 고통받는 이들의 고통을 충분히 이해하고, 그들을 그리스도께 인도하고 있는지 점검해보라.

다섯 번째 실수: 삼위일체 하나님의 방식대로 상담을 제공하는 데 실패한다

17. 당신은 하나님 아버지처럼 상담하고 있는가? 당신은 깊은 공감으로 다른 사람들과 애도하는 과정을 가지는가? 다른 사람들이 당신에 대해서 따뜻한 지지자이자 그들을 걱정하는 보호자, 혹은 그들의 진심 어린 동료로 생각하고 있는가?
18. 당신은 예수 그리스도처럼 상담하고 있는가? 당신은 다른 사람들과 함께 슬퍼하고 비통해하는가? 당신은 그들을 진심

으로 공감하고 연민을 느끼는가? 그들의 고통에 대해서 깊이 있게 느끼는가?

19. 당신은 성령님처럼 상담하고 있는가? 당신은 다른 이들에게 깊은 위로와 위안을 주고 그들을 격려하고 있는가? 그들의 아픔을 이해하고 함께 탄식하는가?

20. 당신은 삼위일체 하나님처럼 상담에 임하는가? 삼위일체 하나님께 받은 위로가 당신을 통해서 내담자들에게까지 전해지고 있는가?

여섯 번째 실수: 사람들을 포괄적인 시각이 아닌 일차원적인 시각으로 바라본다

21. 성경적 상담자로서 당신이 내담자들을 바라보는 "특정한" 시각을 가지고 있지는 않은지 살펴보라. 당신은 내담자를 일차원적인 시각으로 바라보는가 혹은 여러 가지를 고려한 포괄적인 시각으로 바라보는가?

22. 당신은 성경적 상담이 하나님의 형상을 닮아 창조된 인간 본성(창 1:26-28)에 대해서 내담자의 전 영역을 포괄적으로 다루어야 한다고 믿는가?

23. 성경적 상담자로서 당신은 '그리스도인 성숙도 점검 목록'(CMI)에서 나열한 아홉 가지 지표에 해당하는 성숙한 그리스도인으로 성장하고 있는가?

24. 성경적 상담자로서 당신은 내담자들이 그리스도인 성숙도

점검 목록(CMI)에서 나열한 아홉 가지 지표에 해당하는 성숙한 그리스도인으로 성장할 수 있도록 돕고 있는가?

일곱 번째 실수: 감정을 하나님이 만드신 것으로 보지 못하고 무시한다

25. 성경적 상담자로서 당신은 감정을 무시하는가 혹은 하나님이 설계하신 중요한 인간의 측면이라고 보는가?
26. 감정 또한 하나님이 만드신 것이고, 하나님께서 그것을 기묘하고 기이하다고 말씀하셨다는 사실은 당신의 성경적 상담에 어떤 영향을 미치는가?
27. 성경적 상담을 진행하는 데 있어서 당신은 내적인 삶에 대한 성경적 지식을 얼마나 잘 혹은 잘못 활용하고 있는가?
    - 우리가 믿는 것은 → 하나님과 삶에 대해서 → 우리가 추구하는 방향을 알려주며 → 세상에 대한 우리의 경험적이고 감정적인 반응에 영향을 준다.
28. 성경적 상담을 진행하는 데 있어서 당신은 내담자와 소통하고 격려하는 과정 중에 감정을 이해하기 위한 실제적인 성경 지식을 얼마나 잘 혹은 잘못 활용하고 있는가?

여덟 번째 실수: 영혼과 육체 간의 상호연결성을 깊게 고려하지 않는다

29. 영혼의 치료자로서 당신은 영혼의 문제에 너무 집중한 나

머지 영혼과 육체 간의 복잡한 상호연결성에 대해서 신경 쓰지 못하고 있지는 않은가? 당신은 사람들의 삶에 영향을 미치는 물리적, 생리적인 부분들에 대해서까지 민감하게 고려하고 있는가? 당신은 내담자에게 의심되는 신체적인 문제들에 대해서 철저한 진단과 적절한 치료를 받도록 권장하고 있는가?

30. 영혼의 치료자로서 당신은 영혼과 육체의 복잡한 상호연결성에 대한 성경적 가르침(창조-타락-구원)을 잘 이해하고 적용하고 있는가?

31. 영혼의 치료자로서 당신은 내담자의 몸이 내담자의 영혼에 미치는 영향력에 대해서 이해하려고 노력하는가? 반대로 당신은 내담자의 영혼이 내담자의 몸에 미치는 영향력에 대해서 이해하려고 노력하는가?

32. 영혼의 치료자로서 루터와 같이 당신은 모든 문제가 전적으로 생물학적인 것에 있다고 보는 물질주의적인 세계관을 피하고 있는가? 또한 당신은 모든 문제를 전적으로 영적인 것에 있다고 보는 영성주의적 세계관을 피하고 있는가?

아홉 번째 실수: 은혜는 최소화하면서 죄는 극대화하는 경향이 있다

33. 성경적 상담자로서 당신은 죄와 은혜 중 어떤 것을 더 강조하는가? 당신은 죄를 직면하는 중에 종종 당신도 모르게 죄를 찾아내고, 우상에 대해 지적하고, 죄를 극대화하고 있지

는 않는가? 혹은 당신은 죄를 직면하면서 의식적으로 그리스도의 지극히 풍성하고, 놀랍고, 무한한 은혜를 전하고 있는가?

34. 성경적 상담자로서 당신은 로마서 5장 20절에서의 사도 바울과 같이 죄가 많은 곳에 은혜는 더 많다는 것을 서로에게 상기시키는가?

35. 성경적 상담자로서 당신은 청교도인들과 같이 양심에 죄책감을 느끼게도 하고, 은혜로 양심을 가볍게 하기도 하는가? 당신은 루터처럼 그리스도의 복음의 은혜를 나누는 자인가?

36. 성경적 상담자로서 당신은 "죄를 짓는 것은 끔찍하지만, 용서받는 것은 멋진 일이다!"라는 것을 알리는 화해시키는 자로서의 역할을 하고 있는가?

열 번째 실수: 성경 말씀의 능력을 상담자의 유능함으로 혼동한다

37. 성경적 상담자로서 당신은 성경이 모든 영적인 문제에 대해서 충분한 반면에, 어떤 상담자도 모든 영적인 문제에 대해서 유능할 수 없다는 것을 이해하는가?

38. 성경적 상담자로서 당신은 그리스도와 같은 성품, 성경적 지식, 상담 역량, 그리고 그리스도인 공동체에 대해 얼마나 전념하고 있는가?

39. 성경적 상담자로서 당신은 그리스도와 그리스도의 몸 된 지체들에 대한 필요성을 겸손하게 인정하고, 지체들과 함께

하는 포괄적인 접근방식을 고수하는가?

40. 성경적 상담자로서 당신은 겸손하게 당신의 내담자에게 좀 더 경험이 많은 다른 상담자를 추천할 의향이 있는가? 혹은 당신은 내담자를 돕기 위한 추가적인 노력을 하거나 슈퍼비전을 받을 의지가 있는가?

참고 문헌

Albert, Octavia, ed. *The House of Bondage: Or Charlotte Brooks and Other Slaves*. Reprint edition. New York: Oxford University Press, 1988.

Berger, Daniel. *Rethinking Depression: Not a Sickness Not a Sin*. Taylors, SC: Alethia International Publications, 2019.

Biblical Counseling Coalition. "Confessional Statement." Accessed on December 1, 2020 at http://biblicalcounselingcoalition.org/about/confessional-statement/.

Bonhoeffer, Dietrich. *Life Together: The Classic Exploration of Christian in Community*. New York: Harper One, 2009.

Clebsch, William, and Charles Jaekle. *Pastoral Care in Historical Perspective: An Essay with Exhibits*. New York: Prentice Hall, 1964.

Emlet, Michael R. *Descriptions and Prescriptions: A Biblical Perspective on Psychiatric Diagnoses and Medications*. Greensboro, NC: New Growth Press, 2017.

_____. "Listening to Prozac … and to the Scriptures: A Primer on Psychoactive Medications." *The Journal of Biblical Counseling* 26, no. 1 (2012): 11-22.

Frances, Allen. *Saving Normal: An Insider's Revolt against Out-of-Control Psychiatric Diagnosis, DSM-5, Big Pharma, and the Medicalization of*

Ordinary Life. New York: William Morrow, 2014.

Hendrickson, Laura. "The Complex Mind/Body Connection." In *Christ-Centered Biblical Counseling: Changing Lives with God's Changeless Truth*, edited by Bob Kellemen and Steve Viars. Rev. ed. Eugene, OR: Harvest House, 2021.

Hodges, Charles. *Good Mood Bad Mood: Help and Hope for Depression and Bi-Polar Disorder*. Wapwallopen, PA: Shepherd Press, 2013.

Kellemen, Bob. *Counseling Under the Cross: How Martin Luther Applied the Gospel to Daily Life*. Greensboro, NC: New Growth Press, 2017.

_____. *Grief: Walking with Jesus*. Phillipsburg, NJ: P&R, 2018.
Kellemen, Bob, and Kevin Carson, eds. *Biblical Counseling and the Church: God's Care through God's People*. Grand Rapids, MI: Zondervan, 2015.

Kellemen, Bob and Jeff Forrey, eds. *Scripture and Counseling: God's Word for Life in a Broken World*. Grand Rapids, MI: Zondervan, 2014.

Kellemen, Robert. *Anxiety: Anatomy and Cure*. Phillipsburg, NJ: P&R, 2012.

_____. *God's Healing for Life's Losses: How to Find Hope When You're Hurting*. Winona Lake, IN: BMH, 2010.

_____. *Gospel-Centered Counseling: How Christ Changes Lives*. Grand Rapids, MI: Zondervan, 2015.

_____. *Gospel-Centered Family Counseling: An Equipping Guide for Pastors and Counselors*. Grand Rapids, MI: Baker, 2020.

_____. *Gospel-Centered Marriage Counseling: An Equipping Guide for Pastors and Counselors*. Grand Rapids, MI: Baker, 2020.

_____. *Gospel Conversations: How to Care Like Christ*. Grand Rapids, MI: Zondervan, 2014.

_____. *Sexual Abuse: Beauty for Ashes*. Phillipsburg, NJ: P&R, 2013.

_____. What Does the Bible Teach About Our Emotions? Learning the ABCs of Emotional Intelligence? Accessed on December 1, 2020 at http://bit.ly/EmotionsABCs.

Kellemen, Robert W., and Karole Edwards. *Beyond the Suffering: Embracing the Legacy of African American Soul Care and Spiritual Direction*. Grand Rapids, MI: Baker, 2007.

Lake, Frank. *Clinical Theology: A Theological and Psychiatric Basis to Clinical Pastoral Care*. London: Darton, Longman, & Todd, 1966.

Luther, Martin. *The Babylonian Captivity of the Church in Three Treatises*. Translated by P. Smith. Philadelphia: Muhlenberg, 1531/1947.

_____. *Commentary on Galatians*. Translated by P. S. Watson. Grand Rapids: Fleming H. Revell, 1535/1988.

_____. "Table Talk." In *Luther's Works*. Vol. 54, edited and translated by T. T. Tappert. Philadelphia: Fortress, 1967.

Nebe, August, ed. *Luther as Spiritual Adviser*. Translated by C. H. Hays. Philadelphia: Lutheran Publication Society, 1894.

Pierre, Jeremy. *The Dynamic Heart in Daily Life: Connecting Christ to Human Experience*. Greensboro, NC: New Growth Press, 2016.

Piper, John. *The Pleasures of God: Meditations on God's Delight in Being*

God. Colorado Springs: Multnomah, 2000.

Powlison, David. "Idols of the Heart and 'Vanity Fair.'" *Journal of Biblical Counseling* 13, no. 2 (Winter 1995): 3550.

Shorter, Edward. *How Everyone Became Depressed: The Rise and Fall of the Nervous Breakdown*. New York: Oxford University Press, 2013.

Smith, Preserved. *The Life and Letters of Martin Luther*. New York: Barnes and Noble, 1911.

Somerville, Robert. *If I'm a Christian, Why Am I Depressed?* Maitland, FL: Xulon, 2014.

Viars, Steve. "'Brian'" and Obsessive—Compulsive Disorder." In *Counseling the Hard Cases*, edited by Stuart Scott and Heath Lambert. Nashville: B&H Academics, 2012.

Welch, Edward T. *Blame It on the Brain?: Distinguishing Chemical Imbalances, Brain Disorders, and Disobedience*. Phillipsburg, NJ: P&R, 1998.

Wolff, Hans. *Anthropology of the Old Testament*. London: SCM Press, 1974.

주

저자 서문

1) Robert W. Kellemen, *Gospel-Centered Counseling* (Grand Rapids, MI: Zondervan, 2014).
2) Robert W. Kellemen, *Gospel Conversations: How to Care Like Christ* (Grand Rapids, MI: Zondervan, 2015).

첫 번째 실수

1) Octavia Albert, *The House of Bondage* (New York: Oxford University Press, reprint 1988), 2.
2) Albert, 15.
3) Albert, 28-29.

두 번째 실수

1) Dietrich Bonhoeffer, *Life Together: The Classic Exploration of Christian in Community* (HarperOne: New York, 2009) 99.
2) Bonhoeffer, 97-98.
3) Kellemen, *Gospel-Centered Counseling*. 하나님의 이야기를 사람들의 삶의 이야기와 연관시키는 방법에 대한 훈련 매뉴얼은 이 책을 참조.

세 번째 실수

1) William A. Clebsch and Charles R. Jaekle, *Pastoral Care in Historical Perspective* (Prentice Hall: New York, 1964), 1-41. 김진영, 현상규 역,

『역사로 보는 목회돌봄』(지혜와 사랑, 2022)

2) *Gospel Conversations*. 이 책에서 성경적 상담자들이 성경적 탐구와 내담자들과의 영적 대화에 참여할 수 있도록 준비시키기 위해 수백 가지의 예문들을 제공함으로써 이 3자 회담의 개념을 포괄적으로 발전시키고 있다.

3) Kellemen, *Sexual Abuse: Beauty for Ashes* (Phillipsburg, NJ: P&R, 2013) 이 책에서 애슐리의 이야기와 성경적 상담 반응에 대해 더 다루고 있다.

네 번째 실수

1) Frank Lake, *Clinical Theology* (London: Darton, Longman & Todd, 1966), 25.
2) Lake, 25.

여섯 번째 실수

1) David Powlison, "Idols of the Heart and 'Vanity Fair,'" *Journal of Biblical Counseling* 13, no. 2 (Winter 1995): 35–50.
2) Biblical Counseling Coalition, "Confessional Statement," 2020년 12월 1일 접속, https://www.biblicalcounselingcoalition.org /confessional-statement/.
3) Kellemen, *Gospel-Centered Counseling*.

일곱 번째 실수

1) Kellemen, What Does the Bible Teach About Our Emotions? Learning

the ABCs of Emotional Intelligence, 2020년 12월 1일 접속, http://bit.ly/EmotionsABCs.
2) John Piper, *The Pleasures of God: Meditations on God's Delight in Being God* (Colorado Springs: Multnomah, 2000), 72.
3) Hans Wolff, *Anthropology of the Old Testament* (London: SCM Press, 1974).
4) Kellemen, 『What Does the Bible Teach About Our Emotions?』

여덟 번째 실수

1) Biblical Counseling Coalition, "Confessional Statement."
2) See Laura Hendrickson, "The Complex Mind/Body Connection," *Christ-Centered Biblical Counseling: Changing Lives with God's Changeless Truth*, rev. ed., eds. Bob Kellemen and Steve Viars (Eugene, OR: Harvest House, 2021), 409–22.
3) Hendrickson, 409–22.
4) Hendrickson, 409–22.
5) Daniel Berger, *Rethinking Depression* (Taylors, SC: Alethia International Publications, 2019); Michael R. Emlet, *Descriptions and Prescriptions* (Greensboro, NC: New Growth Press, 2017); Michael R. Emlet, "Listening to Prozac … and to the Scriptures: A Primer on Psychoactive Medications" *Journal of Biblical Counseling* 26, no. 1 (2012); Hendrickson, "The Complex Mind/Body Connection"; Charles Hodges, *Good Mood Bad Mood* (Wapwallopen, PA: Shepherd Press, 2013); Robert Somerville, *If I'm a Christian, Why Am I Depressed?* (Maitland, FL: Xulon Press); Edward T. Welch, *Blame It on the Brain?* (Phillipsburg, NJ: P&R, 1998).
6) Hendrickson, "The Complex Mind/Body Connection," 418.
7) See Allen Frances, *Saving Normal* (New York: William Morrow, 2014). 김명남 역, 『정신병을 만드는 사람들』 (사이언스북스, 2014); Edward Shorter, *How Everyone Became Depressed* (New York: Oxford University Press, 2013).
8) 향정신성 약물 개입의 현재 상태에 관한 미묘한 관점을 위해서는 다음 책을 보라. Hodges, *Good Mood Bad Mood*.
9) Hendrickson, "The Complex Mind/Body Connection," 415.
10) Martin Luther, *Luther's Works*, vol. 53, 54, ed. and trans. T. T. Tappert

(Philadelphia: Fortress, 1967).
11) *Luther's Works*, 53.
12) *Luther's Works*, 53-54.
13) Preserved Smith, *The Life and Letters of Martin Luther* (New York: Barnes and Noble, 1911), 402.
14) Smith, 402.
15) Emlet, "Listening to Prozac … and to the Scriptures," 21.

아홉 번째 실수

1) August Nebe, ed., *Luther as Spiritual Adviser*, trans. C. H. Hays (Philadelphia: Lutheran Publication Society, 1894), 181.
2) Martin Luther, *The Babylonian Captivity of the Church in Three Treatises*, trans. P. Smith (Philadelphia: Muhlenberg, 1947), 201.
3) Martin Luther, *Commentary on Galatians*, trans. P. S. Watson (Grand Rapids, MI: Fleming H. Revell, 1988), 70.
4) Luther, *Commentary on Galatians*, 314.

열 번째 실수

1) Biblical Counseling Coalition, "Confessional Statement."
2) 로마서 15장 14절과 상담자의 역량 "4C"에 대한 자세한 논의를 위해서는 다음 책을 보라. Kellemen, *Gospel Conversations*, 77-94.

결론

1) 성경적 상담 방법에 관한 저자의 책 세 권은 다음과 같다. *Gospel Conversations*; *Gospel-Centered Marriage Counseling: An Equipping Guide for Pastors and Counselors* (Grand Rapids, MI: Baker Books, 2020); *Gospel-Centered Family Counseling: An Equipping Guide for Pastors and Counselors* (Grand Rapids: Baker Books, 2020).

사명선언문

너희가 흠이 없고 순전하여……세상에서 그들 가운데 빛들로
나타내며 생명의 말씀을 밝혀 _ 빌 2:15-16

1. 생명을 담겠습니다
만드는 책에 주님 주신 생명을 담겠습니다.
그 책으로 복음을 선포하겠습니다.

2. 말씀을 밝히겠습니다
생명의 근본은 말씀입니다.
말씀을 밝혀 성도와 교회의 성장을 돕겠습니다.

3. 빛이 되겠습니다
시대와 영혼의 어두움을 밝혀 주님 앞으로 이끄는
빛이 되는 책을 만들겠습니다.

4. 순전히 행하겠습니다
책을 만들고 전하는 일과 경영하는 일에 부끄러움이 없는
정직함으로 행하겠습니다.

5. 끝까지 전파하겠습니다
모든 사람에게, 땅 끝까지, 주님 오시는 그날까지
복음을 전하는 사명을 다하겠습니다.

서점 안내

광화문점 서울시 종로구 새문안로 69 구세군회관 1층
02)737-2288 / 02)737-4623(F)

강남점 서울시 서초구 신반포로 177 반포쇼핑타운 3동 2층
02)595-1211 / 02)595-3549(F)

구로점 서울시 동작구 시흥대로 602, 3층 302호
02)858-8744 / 02)838-0653(F)

노원점 서울시 노원구 동일로 1366 삼봉빌딩 지하 1층
02)938-7979 / 02)3391-6169(F)

일산점 경기도 고양시 일산서구 중앙로 1391 레이크타운 지하 1층
031)916-8787 / 031)916-8788(F)

의정부점 경기도 의정부시 청사로47번길 12 성산타워 3층
031)845-0600 / 031)852-6930(F)

인터넷서점 www.lifebook.co.kr